Original illisible

NF Z 43-120-10

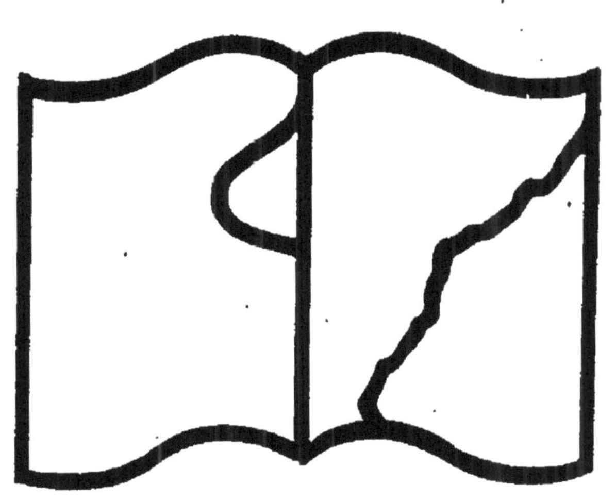

Texte détérioré — reliure défectueuse

NF Z 43-120-11

"VALABLE POUR TOUT OU PARTIE
DU DOCUMENT REPRODUIT".

VOYAGE

A AIX-SAVOIE, TURIN, MILAN;

RETOUR PAR LA SUISSE.

OUVRAGES DU MÊME AUTEUR:

NOUVELLES, 1 vol. in-12.

ROMANCES, LÉGENDES ET BALLADES, 1 vol. in-12.

CHANTS ARMORICAINS OU SOUVENIRS DE BASSE-BRETAGNE, 1 vol. in-12.

OPINION DE M. CRISTOPHE, ouvrage en quatre parties formant ensemble 1 fort vol. in-12.

SATIRES, CONTES ET CHANSONNETTES, 1 vol. in-12.

PETIT GLOSSAIRE, ESQUISSES DE MOEURS ADMINISTRATIVES, 2 vol. in-12.

DE LA CRÉATION, ESSAI SUR L'ORIGINE ET LA PROGRESSION DES ÊTRES, 5 vol. in-12.

PETITES SOLUTIONS DE GRANDS MOTS, 1 vol. in-12.

ANTIQUITÉS CELTIQUES ET ANTÉDILUVIENNES, avec 118 planches représentant 2104 figures, 3 forts vol. grand in-8°.

HOMMES ET CHOSES, 4 vol. in-12.

SUJETS DRAMATIQUES, 2 vol. in-12.

EMMA OU QUELQUES LETTRES DE FEMME, 1 vol. in-12.

VOYAGE A CONSTANTINOPLE, 2 vol. in-12.

VOYAGE EN DANEMARCK, EN SUÈDE, ETC., 1 vol. in-12.

VOYAGE EN ESPAGNE ET EN ALGÉRIE, 1 vol. in-12.

VOYAGE EN RUSSIE, EN LITHUANIE, EN POLOGNE, 1 vol. in-12.

DE LA FEMME DANS L'ÉTAT SOCIAL, brochure in-8°, 92 pages.

DE L'HOMME ANTÉDILUVIEN, brochure in-8°, 102 pages, avec fig.

LES MASQUES, BIOGRAPHIE SANS NOM, 2 vol. in-12.

LES MAUSSADES, COMPLAINTES, 1 vol. in-12.

DE LA MACHOIRE HUMAINE DE MOULIN-QUIGNON. — NOUVELLES DÉCOUVERTES EN 1863 ET 1864, 1 vol. in-8°.

TROIS SEMAINES A VICHY, brochure in-12, 90 pages.

RIEN NE NAÎT, RIEN NE MEURT, brochure in-12.

DES OUTILS DE PIERRE, brochure in-8°, avec 9 planches représentant 68 figures.

DES IDÉES INNÉES : DE LA MÉMOIRE ET DE L'INSTINCT, brochure in-8°, 74 pages.

SOUS DIX ROIS, SOUVENIRS DE 1791 A 1867, 8 vol. in-12.

SOUS PRESSE :

VOYAGE EN ANGLETERRE, ECOSSE ET IRLANDE, 1 vol. in-12.

Ces divers Ouvrages se trouvent:

A PARIS, chez JUNG-TREUTTEL, libraire, rue de Lille, 19.
— chez DERACHE, libraire, rue Montmartre, 48.
— chez DUMOULIN, quai des Augustins, 15.
— chez V°°. DIDRON, rue St-Dominique-St-Germain, 25.
ABBEVILLE, chez P. BRIEZ, imprimeur, et chez tous les libraires.

VOYAGE

A AIX-SAVOIE,

TURIN, MILAN;

RETOUR PAR LA SUISSE,

EN 1859,

PAR

M. BOUCHER DE PERTHES.

PARIS,

JUNG-TREUTTEL, Libraire, rue de Lille, 19.
DERACHE, rue Montmartre, 48.

DUMOULIN, quai des Augustins, 13.
Ve DIDRON, rue St-Dominique-St-Germain, 23.

1867.

VOYAGE

A AIX-SAVOIE, TURIN, MILAN;

RETOUR PAR LA SUISSE.

1859.

CHAPITRE 1ᵉʳ.

Paris. — Le major M**. — Le camp de Saint-Maur.

Je vous ai promis, ma chère sœur (1), le récit de mon voyage. Il ne vous offrira rien de nouveau : je n'ai à vous montrer que des pays que tout le monde a vus et que je vous ai dépeints dix fois, et en vérité je ne sais plus qu'en dire. N'importe ! disons toujours.

Le 11 août 1859, je pars d'Abbeville par le train de huit heures. Dans le wagon où je me trouve on causait mécanique, et en termes qui m'annoncent que les causeurs sont dans leur sujet. Ils n'en étaient pas plus d'accord, et la discussion devint si vive que je crus un

_____

(1) Mᵐᵉ de Vicq, née Boucher de Crèvecœur, sœur de l'auteur.

moment qu'ils allaient en venir aux mains. Le plus ou moins de mérite de telle vis, de tel écrou, de tel ressort, de telle qualité de rail et de fer leur remuait si bien la cervelle qu'elle semblait avoir déraillé : ils déraisonnaient à qui mieux mieux. Dans un moment lucide, ils voulurent me prendre pour arbitre. Je les remerciai de l'honneur qu'ils me faisaient, et me gardai bien d'accepter : donner raison à l'un, c'était risquer de me faire étrangler par les autres. Je leur répondis donc que j'étais trop peu au fait de ces questions pour me prononcer, mais que, quelqu'importantes qu'elles pussent être, je n'y voyais pas un motif pour se brouiller ; qu'au contraire, il me semblait préférable de les étudier ensemble et de les résoudre s'il se pouvait. Ils comprirent, et si la dispute continua, on y mit moins d'aigreur : l'on ne cria plus si fort et l'on s'entendit mieux. Les bonnes raisons ne gagnent rien à être hurlées, et les mauvaises n'en deviennent pas meilleures.

Arrivés à Amiens, ils me quittèrent à ma grande satisfaction, et j'appris la cause de leur désaccord : c'étaient quatre mécaniciens qui venaient concourir pour une même place.

Ce n'est pas d'aujourd'hui que les concours mettent les gens aux prises, et le premier date de loin. Ce fut une femme, Éris ou la Discorde, qui le proposa d'abord, et trois autres qui se présentèrent pour concurrentes : une pomme était la prime, car les médailles n'étaient pas inventées. C'est une vieille histoire que tout le monde connaît et que je ne cite ici que pour mémoire.

> Lorsque la reine des amours
> Junon et Minerve la sage,

> Discrètement sous le bocage,
> Devant Pâris et sans atours,
> Mirent leurs charmes au concours,
> La chose encore était nouvelle :
> Mais grande était l'invention
> Seulement où s'accomplit-elle ?
> Telle était donc la question
> Quand Pâris, jugeant la querelle,
> Termina la discussion :
> C'est sur l'Ida, près d'Ilion,
> Qu'eut lieu cette fête si belle
> Qui fut, sur une moindre échelle,
> La première exposition
> Qui précéda l'universelle.

Lorsqu'en 1833 j'ai proposé cette exposition à Paris, sur la place de la Concorde, je n'étais donc qu'un plagiaire :

> Je n'ai fait que donner l'éveil.
> O Mercure à toi la louange
> Et la médaille de vermeil !
> A toi seul, marchand sans pareil,
> On doit le crédit et le change ;
> Et c'est encor sur ton conseil,
> Du bon sens hâtant le réveil,
> Que j'ai prêché le libre échange.
> Rien de nouveau sous le soleil.

D'Amiens à Paris, je trouve une compagnie moins bruyante : c'est un chef de section du chemin du Nord, M. Sylvain C**, causeur aimable ; deux dames âgées, mais fort gracieuses ; une jeune fille assez jolie, qui probablement voyage pour la première fois, car tout paraît l'inquiéter et la surprendre ; enfin un gros homme ronflant dans un coin.

A Clermont, le chef de section nous quitte ; les deux dames descendent à la station suivante ; il ne reste avec moi que l'homme ronflant et la belle effarée qui paraît se rassurer un peu à mesure qu'elle approche de Paris où elle allait, me dit-elle, pour être institutrice. Je lui fis observer qu'elle était bien jeune pour de telles fonctions. Elle me répondit que c'était pour instruire un jeune enfant. Alors j'approuvai sa résolution.

Voyant que sa situation m'intéressait, elle devint aussi expansive qu'elle avait paru méfiante au départ. Elle me dit qu'elle ne connaissait pas ses parents; qu'elle avait été élevée dans un couvent où, depuis son enfance, une main inconnue payait sa pension, mais que depuis deux ans on n'avait rien envoyé, et que les religieuses lui avaient laissé le choix entre le voile et un emploi hors du couvent; que ne se sentant pas de vocation pour la vie du cloître, elle avait préféré la place que lui proposait la supérieure, de laquelle elle avait une lettre de recommandation.

Une lettre de crédit eût mieux valu. Ici je me souvins du vieux proverbe : *Pas d'argent, pas de suisse,* dicton aujourd'hui suranné, mais qu'on a rajeuni par celui-ci : *Pas de dot, pas de mari.* Or, les religieuses étant les épouses de Notre Seigneur, et Notre Seigneur ne pouvant pas être plus mal traité que le commun des mortels, on a dû naturellement leur appliquer le principe sanctifié par l'usage : *Pas de dot, pas de religieuse,* ou en d'autres termes, *pas de vocation.* Il est clair que la jeune fille ne pouvait pas en avoir, puisqu'elle n'avait ni sou ni maille· *vox proverbii, vox Dei.* On obéissait donc à Dieu en la rendant au monde ou en se débarrassant d'elle.

Je dus conclure de tout ceci que la recommandation ne pouvait être bien vive et bien efficace, et que l'avenir de la pauvrette n'était rien moins qu'assuré. Je lui demandai ce qu'elle allait faire si cette place qu'on lui faisait espérer ne venait pas. Probablement qu'elle n'y avait pas songé, car ma question parut l'attérer, et elle porta son mouchoir à ses yeux. J'en fus touché; j'essayai de la consoler. Le gros homme, qui s'était réveillé et avait entendu la conversation, se joignit à moi et lui dit que dans le cas où cette place lui manquerait, elle n'avait rien de mieux à faire que de reprendre le train et de retourner à son couvent. Ce fut aussi mon avis. Elle secoua la tête comme pour dire qu'on ne l'y recevrait pas; toutefois elle convint qu'elle n'avait pas d'autre parti à prendre. Alors le gros homme lui demanda si elle avait de l'argent pour effectuer ce retour. Elle lui répondit par un signe affirmatif. — Tant mieux, lui dit-il. — Il était à sa destination, et il nous quitta. Cet homme, qui semblait être un fermier, avait une bonne figure, et en lui faisant cette question, il avait, je n'en doute pas, envie de lui venir en aide.

Arrivé à la gare, je vis ma jeune institutrice regarder autour d'elle avec inquiétude comme si elle n'y trouvait pas ce qu'elle espérait rencontrer. Je lui demandai si elle attendait quelqu'un. Elle me dit non. Alors je l'aidai à retrouver son petit bagage et j'offris de la conduire chez la personne pour qui elle avait une lettre. A ceci elle ne me répondit pas. Je pris son silence pour un assentiment, bien qu'elle continuât à jeter les yeux à droite et à gauche. Je la quittai en lui disant que j'allais chercher une voiture, mais quand je revins, je ne la trouvai plus. Je pensai qu'elle allait revenir et j'attendis, mais personne ne reparut. Je sortis alors de la gare pour joindre le fiacre que j'avais retenu, et au moment que j'y montais, je la vis passer dans une autre voiture, probablement avec son élève, car elle n'y était pas seule, et je remarquai que l'élève avait des moustaches : j'étais relevé de ma tutelle.

Je n'avais pas fait retenir de chambre à l'hôtel de Bruxelles, et comme l'approche de la fête de l'Empereur attire toujours beaucoup de monde à Paris, j'étais assez inquiet sur mon logement ; mais le hasard me favorisait, et je trouvai vacant, au second, un très-bon appartement.

J'avais quelques visites à faire dans le voisinage. A peine installé, me voici en course. Paris est le pays où l'on reste le moins en place ; il semble que ce besoin de locomotion tient à l'air qu'on y respire. C'est la maladie parisienne, personne n'y échappe, et quand un Parisien consent à se reposer,

> Ce n'est qu'au jour qu'on l'enterre ;
> Encor faut-il dans sa bière,
> Sans épargner la matière,
> Bien et duement le clouer :
> Précautions nécessaires,
> Car il pourrait vous jouer,
> Pour aller à ses affaires
> Ou simplement caqueter,
> Le tour de ressusciter.

Je suis à pied, le temps est chaud et lourd. En traversant le marché des Jacobins, je me rappelle les jours, jours dont me sépare aujourd'hui un demi-siècle, où, logé en face, rue Saint-Honoré, chez mon grand-oncle M. Delahante, je traversais, leste et joyeux, ce même marché, ne croyant pas qu'on pût vieillir. C'est qu'alors j'avais vingt ans et, devant moi, l'avenir, c'est-à-dire l'espérance et l'inconnu. Ils m'ont donné plus que je n'en attendais, plus même que je ne leur demandais : j'ai été du nombre de ceux que, sur cette terre, on nomme les heureux, et pourtant si l'on me proposait de revenir sur mes pas et de recommencer ma vie, je n'accepterais pas. — Pourquoi ? — C'est que l'inconnu n'y serait plus.

J'entre à la Bibliothèque Impériale pour embrasser mon vieil ami, M. Jomard, qui porte lestement ses quatre-vingts ans.

Le soir, je veux aller au concert de Paris, mais l'hôtel d'Osmond, où il se donnait, a disparu. Il en est de même du bel hôtel dont je parlais tout-à-l'heure, l'hôtel Delahante ; on l'a abattu pour en faire une rue allant de la rue Saint-Honoré à celle de Rivoli qui n'existait pas encore et qui est bâtie en partie sur le terrain du défunt hôtel. Depuis cinquante ans, Paris a été remis à neuf ; nos pères ne s'y retrouveraient plus. Paris est aujourd'hui, sans contredit, la plus belle ville du monde, non peut-être par le nombre de ses monuments, car Rome en contient davantage, mais pour l'ensemble, la beauté et l'animation de ses rues et de ses boulevards.

Le 12, en me levant, je m'aperçois qu'il fait beau et que j'ai retrouvé mes jambes. L'idée me vient d'aller faire une promenade au camp de Saint-Maur, près Vincennes. Je descends pour demander une voiture, et je trouve dans la cour un homme décoré de six croix, qui en cherche une de son côté ; mais j'avais parlé avant lui au seul cocher de remise qui se trouvait là : la voiture était donc à moi. Je lui dis où j'allais, et que si la promenade lui plaisait, je lui offrais une place. Il accepta, mais à condition que nous partagerions les frais. Je consentis à mon tour, et deux minutes après nous étions installés côte à côte dans une calèche fort propre et très-bien attelée. Je lui dis mon nom, il me dit le sien, et la connaissance fut faite. Comme je passai avec lui toute cette journée et d'autres encore, je vais dire tout de suite ce que j'en appris.

Son nom est M**, major retraité au service du roi de Hollande. Il est Belge d'origine, homme de haute taille, droit, bien tourné et très-vert, quoiqu'il ne soit plus jeune. Quant à son caractère que j'ai bientôt su apprécier, c'est un de ces types qu'on rencontre peu, et où la bravoure, la naïveté, la franchise, le bon sens, la probité, la distinction naturelle se trouvent réunis comme chose toute simple et sans que l'homme s'en doute.

Soldat dans l'armée française, il a fait presque toutes les campagnes de l'Empire et y est arrivé au grade de chef d'escadrons. Redevenu Belge en 1814, il servait dans un régiment de carabiniers hollandais qui se battit contre les Français à Waterloo. — « Le cœur me saigna, me dit-il, quand j'y reconnus le corps où j'avais été ; mais je combattais pour mon pays, je ne pouvais pas reculer. »

Dans une charge de cuirassiers, il reçut deux blessures graves, l'une au cou, l'autre au bras, et, par un hasard étrange, étant en convalescence à Bruxelles, il y retrouva, blessé lui-même, l'officier français duquel il avait reçu les deux coups de sabre. C'était un souvenir : ils furent bientôt amis.

Il fut guéri le premier, et voulut amener son compagnon chez lui pour y achever sa convalescence ; mais le Français se trouvait bien à l'hôpital et préféra y rester.

Mon major avait eu six duels pendant sa carrière

militaire : le premier pour une femme, le second pour
un sac d'avoine, le troisième pour une lanterne, le
quatrième pour une musette (petit sac dont se servent
les cavaliers). Il avait eu le malheur de tuer deux de
ses adversaires. L'un était, comme lui, maréchal-des-
logis. Il servait alors dans les hussards : les hussards
ont la tête près du bonnet. La dispute dont la musette
était le sujet eut lieu au moment que le régiment mon-
tait à cheval ; ils se détournèrent de la route et se
battirent dans un champ. Ils avaient, comme d'ordinaire, ôté leurs habits. Son adversaire, blessé à mort,
tomba sur l'un des habits : — « C'était le mien, continua
le major, et il le remplit de sang. Je le lavai dans une
fontaine et fus obligé de le revêtir tout mouillé. Quand
j'arrivai à l'étape, tout le monde y était déjà, excepté le
mort, comme on le pense bien. Mon capitaine, à qui je
contai la chose, me dit : Vous avez fait là un beau coup !
et il m'envoya pour quatre jours à la salle de police :
c'est la seule punition que j'aie reçue dans ma vie. »

Je ne vous raconterai pas les autres duels du major ; je me souviens seulement que le dernier, qui finit
moins tragiquement que le précédent, car l'adversaire
n'eut qu'une estafilade au bras, avait pour motif un
mulet pris à l'ennemi et qu'il avait fait adjuger à une
cantinière dont un boulet avait tué l'âne et brisé la
carriole. Il était alors officier. Un de ses camarades re-
vendiqua la bête ; on en vint aux mots, puis au sabre.
On s'en rapporta ici, comme dans nos anciens tournois,
au jugement de Dieu : le blessé eut tort, la cantinière
garda le mulet.

Nous voici arrivés au camp : c'est un magnifique

spectacle. Cette plaine immense est couverte de tentes divisées en rues où doivent camper, dit-on, une soixantaine de mille hommes. Nous y voyons entrer plusieurs régiments venant d'Italie. Les turcos y sont déjà installés, et très-affairés en ce moment, car ils préparent leur repas, soin que ne dédaignaient pas non plus, Homère nous l'apprend, les héros de son temps.

Le major s'informe d'un sous-lieutenant au 2° voltigeurs de la garde, Belge comme lui, mais qui est naturalisé Français. Nous le trouvons dans sa tente. Il était aux batailles de Magenta et de Sòlferino. Il a fait aussi, comme sous-officier, la campagne de Crimée; il y a gagné la médaille militaire, et la croix d'honneur à Magenta. Il se nomme de la G** et a vingt-cinq ans. C'est un officier instruit et capable, et qui fera son chemin. Il revoit avec un plaisir extrême le major qui est l'ami de sa famille. Il a lu quelques-uns de mes essais, et me fait mille politesses. Nous parcourons avec lui une partie du camp. C'est l'heure du déjeûner du corps d'officiers; on vient nous y inviter. Nous refusons à regret, mais le major accepte une croisée qu'on nous offre, boulevard du Temple, pour voir, le 14, le défilé de l'armée dans Paris.

CHAPITRE II.

—

Paris. — Entrée triomphale de l'armée d'Italie.

—

Lorsque nous eûmes assez du camp, mon major et moi, nous nous fîmes conduire au Jardin des Plantes.

Chemin faisant, il m'apprend que, soldat laboureur, il habite la campagne à Tilbourg en Brabant. Il a quatorze vaches dont il me fait le plus grand éloge.

Je m'étais intéressé à ses duels, car il avait vraiment le talent de la narration ; me voici m'intéressant à ses vaches, et j'en savais toutes les qualités, tous les défauts et jusqu'aux noms, quand notre cocher nous dit que nous étions arrivés au Jardin.

Tandis qu'il en examine les animaux, je vais faire visite à MM. Flourens, Valenciennes et Geoffroy Saint-Hilaire, qui m'accueillent avec leur bienveillance ordinaire.

Nous rentrons à l'hôtel de Bruxelles et nous dînons ensemble. J'avais vu ce digne homme le matin pour la première fois, et nous nous connaissions déjà comme de vieux amis. Avec lui, je n'avais pas éprouvé un instant d'ennui : un accent un peu flamand ajoutant à la naïveté de ses récits, loin de les déparer, y jetait un charme inexprimable. Ce caractère, si on eût pu le transporter à la scène, y aurait fait le succès d'une pièce, mais il aurait fallu un acteur doué de son inimitable bonhomie, jointe à une finesse d'esprit dont il ne se doutait pas lui-même : c'était le bon sens servi au naturel, chose qui ne se rencontre pas tous les jours.

> Comme autrefois feu Joconde
> J'ai beaucoup couru le monde,
> J'ai vu du beau, vu du laid.
> Mais tenez ceci pour fait :
> Fût-ce sous le diadôme,
> Fût-ce au ciel où, comme on sait,
> Tout est bien, tout est parfait,
> Il n'est de plus rare objet
> Qu'un homme qui soit lui-même
> Ou tel que Dieu l'avait fait.

Le 13 août, je vais au Louvre, avec le major, visiter les antiquités assyriennes nouvellement exposées. Les grands et les héros de cette époque devaient passer une moitié de leur vie à peigner et friser leur barbe, et l'autre moitié à se tenir coi, de crainte de la défriser. Chez des peuples qui attachent une telle importance à cet ornement du menton, ce devait être un grand crève-cœur d'en être privé. Il est donc à croire qu'il existait chez eux des barbiers habiles. De même que chez nous, l'art suppléait à la nature : on y avait de fausses barbes comme nous avons de faux toupets, et nos dames de fausses tresses et de faux chignons. Le règne de al contrefaçon, comme uo voit, ne datea ps d'hier.

Le démon même en usa,
Et, pour nous faire une niche,
Chacun sait qu'il s'affubla
Naguère en serpent boa.
A tout jeu le diable triche,
Si bien qu'Ève s'y trompa,
Car la bête était postiche.

De là, nous allons dans la galerie des tableaux. Mon compagnon n'est pas ignorant en peinture, il sait très-bien distinguer les belles choses. Je le laisse en contemplation devant un Raphaël, et je vais faire une visite à MM. de Neuwerkerke et de Longpérier.

En sortant du Louvre, j'admire les nouveaux squares, invention que nous avons prise aux Anglais et beaucoup perfectionnée. C'est une bonne chose que ces squares; ils embellissent et assainissent les villes, et y réduisent le nombre et le danger des maladies qui, très-souvent, y naissent du manque d'air. J'aime surtout les squares ayant une fontaine au centre: or, j'en rêvais une qui serait certainement de circonstance, aujourd'hui que la crinoline est une puissance, presqu'une divinité, car elle règne non-seulement à la cour, mais dans nos temples et sur l'autel où nulle sainte, vierge ou martyre ou la mère de Dieu elle-même n'oserait se montrer si elle n'était vêtue de cette jupe monumentale ornée de ses nœuds et volants. Je voudrais, à la gloire de nos dames et en reconnaissance des progrès qu'elles ont fait faire à l'industrie des tissus et de la pluie d'or dont ces flots d'étoffes ont fécondé nos fabriques, élever sur une de nos places une fontaine monstre qu'on nommerait la fontaine *crinoline*, et dont voici l'aperçu : sur un piédestal un peu haut, ou une colonne ionique, serait placée debout une naïade dans le demi-nu de l'antique, mais dont la draperie qui la couvrirait à partir de la taille contiendrait une ceinture de conduits hydrauliques distribués de manière à ce que l'eau, en jaillissant, formât un vaste cercle qui retomberait en jupe.

Si l'on ne voulait rien qui sentît le grec et l'antique, nous nous en tiendrions au costume du jour : la figure élevée sur la demi-colonne serait celle d'une de nos élégantes en déshabillé du matin, et dont la jupe légère serait, grâce à ce même procédé hydraulique, changée en une somptueuse toilette du soir par le développement d'une nappe d'eau arrondie en crinoline.

Jugez de l'effet d'une telle robe étincelante au soleil ou à la lumière du gaz! Il n'est point de rivière de diamant qui pût l'égaler, et l'on en parlerait, je n'en doute pas, dans les journaux de modes des cinq parties du monde.

Je traverse la rue de Rivoli, et me voici dans celle de la Paix et bientôt sur la place Vendôme. Une estrade en amphithéâtre, couverte de velours violet dont la quantité, dit-on, de trente mille aunes, est disposée pour recevoir l'Empereur, le sénat, les députés et tous les grands dignitaires. Les croisées des hôtels qui entourent la place sont magnifiquement décorées. A tous les angles, des drapeaux tricolores sont disposés en faisceaux. En face de la colonne, sur le boulevard, est un monument de bois doré où sont écrits les noms des champs de bataille théâtre de nos dernières victoires. L'édifice en bois est censé représenter des canons dont on ne voit que la gueule avec le boulet dedans. — « Tiens! s'écrie un soldat qui, comme moi, s'était arrêté, voilà un magasin de chapeaux! » — En effet, la ressemblance était frappante. Rien de plus mauvais goût que ce trophée : espérons que ce specimen de monument ne sera pas réalisé. Une *Victoire* qui le surmonte n'est pas d'un meilleur effet. Les colonnes dorées qui forment, avec les draperies, une sorte d'arc-de-triomphe à l'entrée de la place Vendôme, valent mieux.

Quoiqu'il ne soit encore que deux heures, la foule est immense. Sur les trottoirs des boulevards on circule difficilement. Par instant, il est même impossible d'avancer, et il n'est pas prudent de s'aventurer sur la chaussée où se croisent des milliers de voitures. Je n'ai jamais rencontré tant de monde à Paris; on prétend que cinq cent mille étrangers y sont arrivés depuis trois jours. Dans ce monde, on n'aperçoit ni police ni gendarmes, et il n'y a pas de désordre.

Parmi les promeneurs sont des officiers étrangers qui attirent surtout les regards. Ces costumes, quoique brillants, ne valent pas nos uniformes français; ils sont moins élégamment coupés et pas toujours bien portés. Les troupes anglaises sont certainement richement habillées, les hommes y sont beaux, la tenue parfaite, mais, sauf les montagnards écossais, tous les autres, officiers et soldats, ont l'air mal à l'aise dans leurs habits. Il en est de même des Russes, troupes superbes en corps, mais, individuellement, ressemblant à des mannequins.

Je rentre exténué à l'hôtel. Je me jette sur mon lit, ce qui jamais ne m'arrive le jour, mais la chaleur et la fatigue font leur effet : je dors trois heures d'un profond sommeil.

Je sors dans l'intention d'aller dîner au restaurant. J'entre dans trois de ces établissements sans y trouver place. Assez désappointé, j'allais retourner à l'hôtel, quand, passant devant un restaurant à deux francs cinquante centimes au passage de l'Opéra, l'idée me vint d'y entrer. Grand bien m'en prit. Il était rempli à comble; toutefois j'y trouvai un coin de table. Voilà ce qu'on m'y servit pour deux francs cinquante centimes: une bouteille de vin, un potage, une oreille de veau, du saumon, du homard, un plat de dessert, le tout fort bon et en portion suffisante. Le même dîner, dans un restaurant de premier ordre, m'aurait coûté dix francs, sans valoir mieux. Paris est curieux par ses contrastes, disons aussi par sa vanité : bien des gens, et moi comme les autres, dépensent un demi-louis pour dîner mal, de peur d'être vu dînant bien à trois francs.

La nuit venue, je reviens sur les boulevards. J'entre dans un café et me fais servir une glace pour avoir droit à une chaise. Assis dehors, je jouis d'un spectacle qui, probablement, n'a pas son second au monde, et qui ici se renouvelle chaque soir : c'est celui des boulevards de huit à onze heures. Quelque riche que soit une illumination, elle n'aura jamais cette variété, ni surtout cette étendue qui va de la place de la Concorde à celle de la Bastille. Remarquez aussi que les illuminations d'apparat ne nous montrent pas ces boutiques, ces magasins étincelants de lumières et de richesses. Elles ne nous feront pas voir non plus ces brillants équipages, ces cavaliers, ce mouvement incessant et toujours nouveau qui se déroule sous nos yeux comme un vaste tableau magique. Nulle autre capitale, ni Londres même,

sauf sa rivière et quelques quartiers marchands, n'offre
un semblable mouvement, Naples seul peut s'en rap-
procher; mais dans la cohue napolitaine, la canaille,
débraillée, sale et criarde, forme, comme à Londres, la
grande majorité. En France, sauf les jours d'émeutes,
la plèbe est le très-petit nombre. J'ai vu bien des villes
et des plus renommées, et j'ai compris la faveur dont
jouit Paris chez les étrangers : pour la satisfaction des
yeux comme pour le confortable, il l'emporte sur toutes.

Ajoutez que de ces capitales, Paris est peut-être
l'une des moins chères, sauf les logements. Quant à la
vie, elle n'y est pas aujourd'hui, grâce aux voies ferrées,
plus coûteuse que dans nos provinces. Elle l'est même
moins que dans certaines villes, notamment les ports,
dont toutes les denrées de luxe, poissons, volailles,
gibiers sont envoyés à Paris, d'où il faut les faire revenir si l'on veut donner une fête ou un dîner.

Les cités antiques pouvaient, en monuments, égaler
nos capitales modernes, et les surpasser même; mais
quant au spectacle des rues, les anciens, qui n'avaient
ni nos milliers d'équipages, ni nos dorures bourgeoises,
ni nos vapeurs sillonnant les fleuves, ni nos omnibus, ni
nos boutiques à glaces, ni nos cafés, ni le gaz, ni nos
illuminations permanentes, ne pouvaient donner à leurs
villes une semblable animation; et si César, Brutus,
Auguste, le roi Salomon, la reine de Saba, Antoine et
Cléopâtre, revenant au monde, se trouvaient, un soir de
printemps, transportés sur le boulevard des Italiens, ils
ne sauraient trop dans quel astre ils sont.

A l'hôtel, je trouvai le major qui m'attendait. Il me
fit le récit de sa journée avec sa bonhomie ordinaire,

y mêlant des observations approbatrices ou critiques, mais toujours empreintes d'un bon sens parfait. Nous devions nous rendre ensemble, le jour suivant, au boulevard du Temple où l'on nous avait offert une croisée pour voir défiler l'armée, mais j'avais reçu une invitation à laquelle je ne pouvais manquer; je fus obligé de renoncer à la première et à la société de mon compagnon que je regrettai, car il m'annonça son prochain départ.

Le lendemain, 14 août, je me prépare, en déjeûnant solidement, aux courses de la journée. Les jours de grandes fêtes, à Paris, ne sont pas des jours de galas, et quiconque n'y a pas son chez soi et n'a pas fait ses provisions la veille, n'est jamais sûr de dîner : Paris est au pillage; pillage où règne, d'ailleurs, l'accord le plus parfait entre le pillé et le pillard : le restaurateur, qui a supprimé sa carte, laisse les clients se disputer les tables et les places, se réservant de faire largement payer le vainqueur qui, fier de sa conquête, ne marchande jamais, fût-ce le plus misérable des dîners, fruit ordinaire du combat. Ces jours de solennités sont donc, à proprement parler, des jours de jeûne, vu qu'une portion ordinaire en devient quatre : c'est le renouvellement du miracle de la multiplication des pains; la seule différence, c'est qu'ici personne n'est rassasié.

Mon déjeûner terminé, je me rends chez M. Boursy, conseiller d'Etat, ancien directeur-général des contributions indirectes, dont la fille toute charmante a épousé un de mes cousins. Je reçois dans cette excellente famille le plus aimable accueil. La maison a vue sur le boulevard Poissonnière, et placé au second étage, je suis parfaitement pour voir cette fête militaire qui va devenir une page d'histoire. Hélas ! je n'ai vu que trop de ces défilés, et quelques-uns, dans ces années néfastes 1814 et 1815, qui n'étaient pour la France que des pompes funéraires. Mais chassons ces souvenirs.

Toutes les maisons des boulevards sont pavoisées. La foule couvre jusqu'aux toits ; les gouttières sont envahies ; on aperçoit des gens perchés sur des cheminées et même des tuyaux de poêle. Heureusement le temps est calme, car s'il venait un coup de vent, on verrait pleuvoir des hommes.

A dix heures paraissent les cent-gardes à cheval, magnifique troupe qui ouvre la marche. Derrière eux sont les soldats portant les drapeaux autrichiens pris à Montebello, à Magenta et à Solferino.

Puis vient l'Empereur à cheval, seul et à une assez grande distance de son état-major. Il a l'air rayonnant. Il est suivi d'un nombreux et brillant cortége, parmi lequel on reconnaît encore de ces officiers étrangers, anglais, allemands, italiens, espagnols, turcs, arabes, curieux mélange de gens aujourd'hui nos amis et demain nos ennemis.

La garde impériale, commandée par le maréchal Regnault de Saint-Jean-d'Angely, est en avant ; puis viennent les quatre corps d'armée ayant en tête : le premier, le maréchal Baraguay d'Hilliers ; le second, le maréchal Mac-Mahon, duc de Magenta ; le troisième, le maréchal Canrobert ; le quatrième, le maréchal Niel. Les blessés précèdent les régiments auxquels ils appartiennent. Les canons pris sur les Autrichiens terminent la marche.

Tel est l'ordre de l'ensemble.

J'en viens aux détails. La première chose qui me frappa fut le peu de vivat qui accompagnait le passage de l'Empereur. Je ne vis tomber à ses pieds aucun de ces bouquets ni aucune de ces guirlandes, enfin de ces masses de fleurs qui bientôt allaient pleuvoir sur les soldats.

Après la garde venaient successivement les régiments qui s'étaient particulièrement distingués; on les applaudissait plus ou moins, selon qu'on aimait le chef, le corps ou son uniforme. Par les vides des compagnies, on reconnaissait celles qui avaient perdu le plus de monde.

Les blessés, comme nous l'avons dit, étaient en tête. Leurs aumôniers les conduisaient; des infirmiers et des sœurs de charité soutenaient les invalides. Ce spectacle était touchant. Les turcos avaient aussi leurs prêtres et deux sœurs de charité. Une grande partie des vivat et des bouquets sont pour les blessés. On remarque surtout parmi eux un jeune et bel officier qui a perdu ses deux bras.

Les cantinières blessées sont aussi très-fêtées. On remarque beaucoup ces femmes au costume pittoresque dont la couleur et la coiffure varient selon l'arme ou le corps auquel elles appartiennent. Celles des régiments de la garde portent, comme les officiers, des chapeaux à becs qui, sur ces têtes féminines, font le plus singulier effet. Celles des turcos, des zouaves et des spahis ont des fez rouges qui les coiffent beaucoup plus à leur avantage. Ces vivandières, dans les régiments d'infanterie, marchent en tête après les sapeurs.

De tous les corps, ceux qui reçoivent le plus de vivat et de couronnes sont les zouaves. Un chien qui marche avec eux, équipé en vainqueur avec des insignes tricolores, a sa part d'applaudissements.

En tête d'un bataillon de chasseurs à pied est une chèvre. Ces animaux, chien et chèvre, ont leur histoire : ils ont rendu des services au régiment, ou l'ont suivi au feu. On cite aussi des chats qui, perchés sur le sac de leur maître, ne l'ont pas abandonné au plus fort du combat.

Les turcos ne reçoivent pas moins de couronnes et de fleurs que les zouaves et les chasseurs à pied. Ce sont de beaux hommes; il y en a de toutes les couleurs, depuis le blanc le plus pur jusqu'au noir le plus foncé. On reconnaît les officiers indigènes à leur barbe. J'en remarque un qui a tout-à-fait le type nubien. Quand les bouquets tombent à leur portée, les soldats les ramassent. Les officiers font de même et s'en parent. Les cantinières surtout en sont très-friandes; elles en sont chargées.

Le temps, qui avait été beau jusqu'alors, se gâte; bientôt il pleut à verse. Les dames assises sur les toits, et il y en avait bon nombre, ouvrent leurs ombrelles ou leurs parapluies. Le vent s'élève, les accidents sont imminents; cependant nos curieuses tiennent bon. Mais le vent redouble; ceux qui s'étaient accrochés à des tuyaux de poêle commencent à comprendre que la position n'est plus tenable. Quelques-uns se retirent, mais la majorité reste encore. En ce moment, en face de nous, un monsieur court sur une corniche, et fait pousser des cris d'effroi à tous ceux qui le voient. Il n'a pas l'air de s'en préoccuper; il gagne une fenêtre et rentre paisiblement chez lui.

Après l'infanterie commence le défilé des régiments de cavalerie de la garde : les guides et leur excellente musique, les lanciers, les dragons, les hussards, les chasseurs, tous trempés comme des canards. Vient ensuite la garde nationale à cheval, qui ne l'est pas moins ; puis celle à pied, et la garnison de Paris. Tout cela réuni doit faire une centaine de mille hommes qu'en ce moment, sur les boulevards, considèrent un million de têtes.

La pluie s'était un peu calmée, mais un orage bien caractérisé éclate. Alors c'est un sauve-qui-peut général. Les toits et les trottoirs sont abandonnés, et ceux qui sont aux fenêtres du côté où le vent chasse reçoivent leur part d'eau.

Je profite d'une éclaircie pour regagner la rue du Mail et mon hôtel où j'emploie mon temps à faire la relation qu'on vient de lire.

Après le dîner, le temps s'étant remis, je retourne au boulevard. La foule y est encore augmentée ; les trottoirs ne la contiennent plus, elle a envahi la chaussée où les voitures ne peuvent circuler qu'au pas. Tous les théâtres sont pleins. Les cafés sont inabordables : pas un banc, pas une chaise pour s'asseoir ; dix personnes se disputent celle qu'on laisse libre. Je n'avais rien de mieux à faire que d'aller me coucher : c'est ce que je fis.

CHAPITRE III.

Départ de Paris. — Route de Savoie. — Aix-les-Bains; son salon
Promenade au lac du Bourget.

Nous voici au 15 août. A six heures, le canon me réveille. Le temps est couvert et sombre, j'ai bien envie de laisser la fête et de partir pour Aix, mais le moyen de trouver une voiture pour gagner la gare?

Je me remets à mes notes. Je m'étonne encore de la froideur avec laquelle on a reçu l'Empereur lorsqu'on a fait si grande fête aux troupes. Cette froideur, les Parisiens ne la cachent pas : ils lui en veulent. Savez-vous de quoi? — D'avoir fait la paix. — Selon eux, il devait aller prendre Venise, Trieste, et marcher sur Vienne. — Et puis après? — Après? je vais vous le dire, bonnes gens : vous aviez sur le dos les Anglais, les Russes, les Prussiens, et peut-être cette Italie que nous venons de délivrer des Autrichiens.

Je ne suis pas grand politique, pourtant je dois dire

que cette paix est, selon moi, ce que Napoléon a fait de mieux depuis son arrivée au pouvoir, et je la préfère même à sa victoire. Un étourneau aurait agi comme le voulaient les badauds et quelques journaux batailleurs, mais un échec pouvait tout perdre, et la victoire même nous devenir funeste. L'avenir, je n'en doute pas, rendra justice à une politique qui n'a pas voulu jouer le sort de la France à croix ou pile, et qui a un mérite que je mets au-dessus de tous les autres : c'est d'avoir évité l'effusion du sang.

> Il est beau de rompre une lance
> Pour sa dame et pour son pays
> Au cri : Montjoie et saint Denis,
> Ou comme ce bon roi de France,
> De la croix prenant la défense,
> Livrer bataille aux Osmanlis ;
> Mais il est encore, je pense,
> Quand la gloire nous tend les bras,
> Repoussant sa magnificence,
> Plus beau de ne se battre pas.
> Un héros, qu'est-ce ? Un météore
> Laissant des ruines sur ses pas...
> De tes enfants, au minotaure,
> Dis, peuple, ce qu'on immola,
> Et combien coûte un clou qu'on dore
> Pour la couronne d'Attila ?
> Assez de sang ! Rois, halte-là !
> On vous encense, on vous adore ;
> Être aimé vaut bien mieux encore.
> Le secret ? Dieu vous le dira :
> Fermez la boîte de Pandore,
> L'humanité vous bénira.

J'entre chez le major à qui je voulais offrir un déjeûner d'adieu, mais il est sorti. Il pleut : or, Paris n'est pas gai en temps de pluie, surtout aux jours de grandes fêtes et quand la circulation des voitures est interrompue dans la moitié des rues : on n'a pas même la ressource des visites et encore moins celle des affaires.

Dans ce moment, un domestique me dit qu'il m'a trouvé un remise. Bonne nouvelle! je puis me rendre au chemin de fer. Mon paquet est bientôt fait. Je prends congé du major qui vient de rentrer. A une heure, je suis à la gare, et un quart-d'heure après, sur la route d'Aix en Savoie.

Je trouve dans le wagon un officier de cuirassiers de la garde, qui a servi en Crimée et en Italie : c'est un homme de bonne mine et d'une conversation aimable, qui me fait paraître le chemin court.

J'arrive à Mâcon à deux heures du matin. Là, on m'apprend que je dois attendre jusqu'à six heures le train de Paris. Cela me souriait peu ; à cette heure, tous les hôtels sont fermés : or, je n'avais rien pris depuis dix heures, je mourais de soif et de faim. Personne au buffet de la gare, pas même à la buvette. Que faire? — Dormir. — Je m'endors sur un des canapés du salon d'attente où mon sac de nuit me sert d'oreiller, et, nonobstant le bruit des sifflets des trains qui partent et arrivent, je dors jusqu'à six heures. On me réveille, et me voilà parti.

J'ai pour compagnons de voyage un couple anglais gigantesque, mari et femme, avec un enfant boiteux qui annonce devoir arriver à cette taille phénoménale. En sortant d'Ambarieux, nous entrons dans une gorge des plus pittoresque, et dont les rochers accidentés imitent parfaitement des ruines. Je remarque des vignes sur une côte abrupte ; des buissons, sans doute plantés à dessein, arrêtent les terrains mouvants. De loin à loin, des assises de pierre calcaire ayant quarante et cinquante mètres ont, par l'affaissement du sol, pris la position oblique et parfois même perpendiculaire, dont l'effet est des plus étrange. Dans cette gorge très-resserrée, la voie de fer côtoie une jolie petite rivière. Non loin de là, des maisonnettes s'élèvent au milieu des pampres; puis des peupliers, des saules, et quelques arbres fruitiers parmi lesquels je remarque des amandiers.

Nous arrivons à la station de Saint-Rambert, charmante position. Une vierge blanche, élevée sur une petite tourelle placée elle-même à la cime d'un rocher, forme un monument miniature d'un effet agréable.

La rivière continue à couler entre des rochers arides que surmontent des carrés de vignes. On y distingue des parties de roches, plates et polies par les eaux, qu'on prendrait pour des courants de lave.

A gauche, une maison en ruine joue l'effet d'un débris d'aquéduc romain.

Mes Anglais gigantesques m'ont quitté; j'ai maintenant pour compagnie un monsieur avec ses deux filles et un fils. Nous causons. Il a quelque teinte de géologie et sait l'histoire; il parle de César qui a traversé ce passage, et de trois lacs dont il ne reste que deux.

Nous sommes à la station de Tenay. Le pays est toujours aussi pittoresque. Ce défilé n'a pas plus de cent à deux cents mètres de largeur; il se nomme défilé du Bourget. A gauche, nous voyons une filature et des maisonnettes dont le ceintre est entouré de liserons fleuris du plus joli effet. A droite, mon compagnon me fait observer une montagne surmontée d'un petit pic en croc qu'on nomme la Dent du Chat.

Nous passons la station de Rossillon, puis celle de Saint-Virieux. Je regrette de ne pouvoir m'arrêter pour étudier ces calcaires crevassés. Nous avons à droite un petit lac à l'eau d'azur où je me baignerais volontiers, mais ce ne sont pas ces eaux là que je vais prendre.

Nous arrivons à la station de Culoz où est un embranchement conduisant à Genève. Nous traversons un pont sur le Rhône qui sépare ici la France de la Savoie. Un peu plus loin, on s'arrête au corps-de-garde de la douane sarde où l'on refuse galamment de nous visiter. Ce pays désire et espère être bientôt français, et nous accueille d'avance en compatriotes.

A la station de Chatelle, on change de train. Ici, j'ai pour compagnons deux Sardes, un Belge et un gros Anglais parlant bien français et qui nous raconte tous les vols, entr'autres un de cent quatre-vingts guinées, dont il a été victime à Paris. Nos Sardes, qui en reviennent, mettent instinctivement leur main à leur gousset pour s'assurer si leur porte-monnaie y est encore. Ce gros Anglais m'a l'air d'un Gascon.

On côtoie ici le lac du Bourget. Les bords n'en sont guère habités : nous n'y apercevons qu'une chapelle. L'aspect de ce lac entouré de montagnes couvertes de verdure qui, du point où nous sommes, paraît noire, est assez triste. Des roches arides descendent jusqu'à l'eau.

Nous sommes à une heure d'Aix ; nous y arrivons vers midi, après une traversée de vingt-quatre heures : c'est huit heures de plus qu'on ne met ordinairement, mais, faute d'informations, j'avais pris un train non direct.

Je descends à l'hôtel Guillant, place Centrale. La maîtresse est jeune et avenante. On me donne une très-belle chambre qui a vue sur la place, au prix de neuf francs par jour, dîner et déjeûner compris, et c'est le premier hôtel de la ville. Je suis étonné de ce bon marché, et je le fus plus encore quand je vis de la manière dont la table était servie.

Je me rends chez l'un des médecins des eaux, le docteur Davat. Il m'interroge beaucoup sur mes douleurs articulaires dont la cause est rhumatismale. Il trouve d'ailleurs mon régime hygiénique très-bon, et n'y voit rien à changer. Il me prescrit de prendre, jour à autre, bain et douche : bain d'une heure à vingt-sept degrés, douche du prince. Plus, je dois boire tous les matins un verre d'eau d'alun en deux fois.

Je vais prendre immédiatement le bain qui me paraît fort chaud ; je finis par m'y habituer, et j'en sors sentant le soufre comme une allumette.

Je visite ensuite le Casino, beau bâtiment placé dans une position très-pittoresque que domine une montagne. Le jardin n'est pas grand, mais il est joli. Au total, l'établissement, sans être grandiose, est fort convenable.

Il paraît qu'on devient titré dès qu'on met les pieds dans Aix : je ne peux faire un pas sans être salué du titre de comte ou de baron. J'ai beau dire que, de titres, je ne prends ni n'accepte aucun, ils n'en veulent pas démordre. Alors c'est marquis qu'ils me nomment, et si je me rebelle encore, c'est duc qu'ils vont me faire. Dieu m'en garde ! et pour cause : on a fait un tel abus de ces qualifications en France, et plus encore à l'étranger, qu'elles n'y sont guère une recommandation ; je dirai même qu'elles y font l'effet contraire quand elles ne sont pas accompagnées, à défaut de diplôme, de bonnes lettres de crédit ou de billets au porteur.

> J'ai bien souvent, dans mes voyages,
> Rencontré dans le haut pays
> De ces seigneurs sans équipages
> Et, nonobstant, grands personnages :
> Ducs, barons, comtes ou marquis.
> Oui ! ce sont gens de vieilles roches ;
> Ils descendent de saint Louis,
> Chevaliers sans peur ni reproches.
> Mais prenez bien garde à vos poches.

Je dîne à cinq heures, à table d'hôte. Il n'est pas d'usage ici de dîner dans sa chambre, sauf le cas de maladie ; aussi la société est parfaitement composée. La table est très-bien servie. J'ai pour voisine une dame anglaise qui, probablement, n'aime pas à manger sans causer, car, contre l'usage britannique, la première et sans présentation préalable elle m'adresse la parole. Elle n'est pas jeune, mais elle est aimable et instruite. Elle sait mon nom, comme probablement tous ceux de la table, car l'usage aussi est de les afficher dans un cadre placé à cet effet dans le vestibule de l'hôtel.

Ici encore on n'avait pas manqué d'y ajouter un titre que je fis enlever le soir même. Ces malheureux titres ont compromis bien des voyageurs qui, n'ayant pas réclamé à temps, ont été ainsi désignés par la gazette officielle locale répétée par les journaux français, et l'innocent baigneur, affublé d'une qualification qu'il n'avait pas prise, se trouvait, à sa rentrée en France, coiffé d'un ridicule.

Après le dîner, je vais au Casino. Les salons sont encore vides. Je descends au jardin ; il est également désert. Le temps, calme et doux, est parfait pour la méditation ; mais un piano discordant, qu'on tapote dans le voisinage, m'écorche les oreilles : or, comment méditer quand on grince des dents ?

A huit heures, un accord d'instruments, justes cette fois, m'annonce qu'on se rassemble au salon. En effet, l'orchestre est à son poste; il n'est composé que d'une douzaine de musiciens, mais bien choisis. On joue des contredanses et des valses, mais personne ne bouge, et pourtant l'exercice devrait faire ici partie de l'hygiène prescrite. Un établissement où l'on attaquerait certaines maladies par la gymnastique appliquée selon l'âge et le plus ou moins de force des malades, aurait autant de succès que les eaux. Beaucoup de nos indispositions viennent de l'abus du sommeil et du défaut de mouvement. La vie trop sédentaire tue ou use plus vite peut-être que l'excès du mouvement. Le médecin qui traiterait les impotents par l'agitation graduée ferait des prodiges.

Le 17 août, de bonne heure, je vais à l'établissement thermal. J'y retrouve le docteur, mais les malades étant nombreux, il faut attendre mon tour. Enfin, la douche du prince, qui se nomme ainsi je ne sais pourquoi, m'est ouverte. A peine déshabillé, deux baigneurs s'emparent de moi. On m'inonde d'eau chaude; elle me paraît brûlante. Un doucheur (c'est le nom technique) me frotte. L'eau coule toujours. Bientôt on me lâche une seconde douche en arrosoir sur les cuisses et sur les jambes. Pour le coup, je me crois cuit : je suis rouge comme une écrevisse. On la laisse ainsi jaillir un quart-d'heure : je commence à en avoir assez.

Je croyais m'habiller et en être quitte, mais mes vêtements ont été remis chez moi. On me couvre, pour me sécher, de serviettes brûlantes; puis on m'enveloppe d'une couverte, on m'étend sur une chaise longue entourée de rideaux, on m'y enferme presque herméti-

quement, on me transporte ainsi à l'hôtel et l'on me
dépose dans mon lit sous une double couverture. Là,
on me laisse suer, puis on me fait boire un verre d'eau
d'alun. Je reste au lit une heure, selon l'ordonnance
qui est la même pour tous, malades ou non, et que j'ai
suivie à la lettre. Enfin je puis m'habiller.

Tout ceci coûte :

1° Carte d'entrée une fois payée. . . . . . . 1 fr. 25 c.
2° Un bain. . . . . , ... 1   00
3° Une douche du prince, y compris le
    transport et les porteurs 2   50
4° Gratification au doucheur . . . . 0 · 75
5°   Id.   au garçon de bain 0   25
6°   Id.   aux porteurs 0   50
               Total. 6   25

Le tout s'acquitte à l'instant. ·

Le médecin et la gratification au garçon de l'hôtel
qui vous soigne se paient au départ.

On voit que si la table et le logement sont bon marché
à Aix, les bains y reviennent assez cher. On peut compter
pour cet article, quand on prend les douches, environ
six francs cinquante centimes par jour. Ce n'est pas
trop pour tous les frais que fait l'établissement, et la
masse de linge et de couvertes qu'on emploie.

A dîner, j'ai pour voisine la même Anglaise. Je fais
connaissance avec son mari qui, comme elle, parle
bien français. C'est un homme aimable et instruit. Il a,
ainsi que sa femme, habité trois ans Constantinople où
il était secrétaire d'ambassade.

J'assiste le soir, au Casino, à un joli concert donné
par des artistes du théâtre italien.

Le 18, après le bain, j'entre dans le café qui est en face de l'hôtel; il est vaste, propre et bien tenu. La tasse de café, qui coûte à Paris cinquante ou soixante centimes, ne se paie ici que vingt-cinq.

Je parcours la ville qui ressemble beaucoup à un village. Les femmes indigènes m'ont semblé peu jolies.

A dîner, je veux goûter le vin du pays qu'on nomme vin de Touvière. Il est assez cher, deux francs cinquante centimes la bouteille, mais il m'a paru bon. Je fais, à table, connaissance avec M. Alexandre, inspecteur général de l'Université, qui est, je crois, d'Amiens ou des environs. C'est un homme de bonne société, savant, et sans le pédantisme scolastique.

Je vais au Casino où il y a bal. L'habit est de rigueur. La salle est grande et belle, bien éclairée; l'orchestre excellent. Mais la foule y manque : il y a une cinquantaine de femmes, et le double d'hommes, lesquels, se souciant assez peu de danser, causent entr'eux : c'est d'une tristesse mortelle. Trois jeunes officiers français s'efforcent seuls d'égayer ce bal à la glace, mais ils n'y réussissent pas.

L'idée de rester vingt jours ici commence à m'effrayer, mais j'ai recours à mon remède ordinaire : je reprends la plume et me mets à travailler.

Les jours suivants se passent à peu près comme les premiers. Le 20, je vais prendre mon bain dans la piscine. Il y a quatre pieds d'eau, et l'on peut y nager. Malheureusement je m'y trouve en compagnie de quatre écoliers de quatorze à quinze ans, dont un, à figure de singe, est bien le plus insupportable gamin qu'on puisse rencontrer. Criard, vantard et nageant à peine, il ne s'en croit pas moins un habile, et à chaque mouvement qu'il fait, il réclame à grands cris l'attention, comme s'il s'agissait d'un prodige. Passe s'il ne faisait que cela, mais il ne cesse de se bousculer avec ses camarades aussi turbulents que lui, et le bassin étant assez étroit, on ne sait où se réfugier pour n'avoir point sa part des coups de pieds et coups de poings qu'ils échangent.

Le dimanche suivant je vais voir, avec M. Alexandre, le lac du Bourget. Nous prenons place sur un des bateaux qui en font le tour, et nous y trouvons nombreuse société. Comme je l'ai dit, les bords de ce lac sont à peu près inhabités. Nous y visitons l'église desservie par des moines en costume noir et blanc; c'est dans ce lieu qu'on enterrait les rois de Savoie. On a, de là, une de ces vues comme savaient les choisir les moines. Les montagnes qui entourent le lac ressemblent un peu à celles du petit Atlas. Le soleil augmente l'illusion : on se croirait en Afrique.

Sur une pointe de rocher, nous apercevons trois jeunes filles. Sont-ce des naufragées qui demandent notre assistance? Non, un mouvement de leurs mouchoirs nous annonce qu'elles saluent notre embarcation, salut que nous nous empressons de leur rendre.

Faute de mieux, on parle des poissons du lac, dont plusieurs sont renommés en cuisine : le lavaret, l'ombre chevalier, etc.

Le soir, bal au Casino. Cette fois, il est nombreux. La présence de M. de Cavour, qu'on savait devoir y paraître, avait attiré le ban et l'arrière-ban des baigneurs. C'est un homme de moyenne taille, à figure placide, portant lunettes, et ayant plutôt l'air d'un bon avocat

de village que d'un grand ministre. Chacun va le saluer.
On lui a dit que j'étais allié aux Clermont-Tonnerre
dont il est lui-même parent. Il a entendu citer mes
études archéogéologiques; il m'en parle. Mais chacun
se le disputait, et des personnages politiques, venus de
bien loin peut-être, attendaient une trouée pour l'approcher; n'ayant rien à lui dire ni à lui demander, je me
hâtai de leur faire place. C'est assurément un ministre
hors ligne, et aujourd'hui très-précieux pour le nouveau
royaume. Puisse-t-il conserver longtemps cet homme
d'Etat, car il serait assez difficile à remplacer : les ba-
vards ne font pas défaut à Turin, c'est comme chez nous,
et malheureusement, comme chez nous, on les prend
pour des orateurs.

Parmi les dames, on me fait remarquer la princesse
de Solms, née Bonaparte-Wise, et petite-fille de Lucien.
Exilée de France par l'Empereur, dit-on, elle habite un
châlet dans les faubourgs d'Aix. C'est une fort jolie
femme, ayant à peine vingt-huit ans, qui reçoit beaucoup d'hommes de lettres, notamment Ponsard. Elle
savait que j'étais à Aix et attendait ma visite; je fus lui
présenter mes excuses de ce retard. Elle les accepta
très-gracieusement et m'invita à aller la voir.

CHAPITRE IV.

—

Séjour à Aix. — La comédie. — L'orage.

—

Les bains de piscine conviennent-ils mieux aux malades que ceux de baignoire ? — Je ne sais, mais je les préfère. Je m'y suis fait bientôt une réputation de beau nageur. Ces bains sont véritablement fort agréables, quand toutefois on n'y rencontre pas mon insupportable braillard avec ses trois acolytes. Dès qu'ils apparaissent, la moitié des baigneurs se sauve. On s'en est plaint à l'administration, mais sans succès, car depuis un mois ils y viennent à peu près tous les jours, faisant des séances de deux à trois heures. Ces messieurs, qui ne sont plus des enfants, appartiennent sans doute à des familles influentes que l'administration ne veut pas mécontenter, mais ils m'ont souvent fait regretter des bains plus paisibles et donné envie d'aller continuer ma saison d'eau dans le lac du Bourget.

> J'ai toujours aimé l'espace,
> Et quoiqu'un bain me soit bon,
> Me baigner en un chaudron
> Souvent me gêne et m'agace,
> Car pour si petite place
> Je suis un trop gros poisson.
>
> Si de l'espèce animale
> L'homme est descendu, dit-on,
> Je dois être un rejeton,
> Par ligne collatérale,
> De la truite et du saumon.
>
> Ce qui me donne la preuve
> Que l'onde est mon élément,
> C'est que je ne suis vivant
> Que dans le courant du fleuve
> Ou l'écume du torrent;
>
> Ou bien lorsque je barbotte
> Sur la vague qui clapotte,
> Ayant pour lit l'océan,
> Comme un marsouin en ribotte
> Dansant devant l'ouragan.

La Savoie est vraiment un pays de cocagne, si l'on en juge à la table de notre hôtel. On nous sert, par jour, deux repas complets, déjeûner et dîner, où abondent les poissons les plus beaux et le gibier le plus délicat.

Ce sont presque toujours les mêmes personnes qui composent la table; toutes ne sont pas logées à l'hôtel. De temps à autre y paraissent quelques officiers de passage; nous avons eu aujourd'hui deux capitaines de zouaves. J'y vois aussi quelquefois le colonel hongrois Turr, second de Garibaldi. Il est grièvement blessé au bras; il est à Aix pour y prendre les eaux.

Le beau temps continue, ma santé est bonne, je marche plus facilement. Je continue mes douches et mes bains; j'en suis quitte à neuf heures, je déjeûne à dix, puis je travaille jusqu'au dîner.

Après dîner, je vais me promener dans le jardin toujours solitaire du Casino, et je cause avec la montagne du Chat que j'ai en face. C'est fort beau, mais on se fatigue bien vite d'une belle vue où l'on n'a devant soi ni la mer avec ses voiles et ses mystères, ni rien qui indique la présence des vivants : or, d'ici la montagne paraît déserte, je n'y aperçois pas une habitation.

M. Turner, le secrétaire d'ambassade, qui reste à Aix pour la santé de sa femme, ne semble pas s'y amuser beaucoup. Chaque matin, après déjeuner, il me dit : « Je vous fais mon compliment, voilà déjà un tiers de la journée de tué. » — En effet, celle d'un Anglais pur-sang, comme l'est celui-ci, doit être longue : il se lève, se rase longuement, déjeûne de même avec du thé, du lait et un peu de viande, va lire la gazette en fumant, ce qui l'occupe trois heures, et vient dîner ; puis va s'asseoir au Casino à côté de sa femme, y reste jusqu'à dix heures et va se coucher. Le lendemain, il recommence. Dans cette vie en apparence si paisible, il trouve pourtant moyen de se tourmenter beaucoup : si son thé n'est pas chaud, si le beurre n'a pas toute sa fraîcheur virginale, si les tartines de pain sont trop minces ou trop épaisses, si on le sert avant l'heure ou si on tarde de quelques minutes, il faut voir sa résignation impatiente : il soupire, il s'étire, il vous regarde d'un air qui dit : suis-je assez malheureux? ne fait-on pas de moi un véritable martyr? — D'ailleurs homme de science, homme d'esprit, c'est la bonté même, et sa femme le vaut.

Ce soir, 25, il y a grand bal au salon. La princesse

Marie de Solms y fait son entrée au bras d'un homme, aux cheveux noirs, à l'air distingué, et que j'aurais pris pour un Espagnol : c'est l'ambassadeur des Etats-Unis près le roi d'Italie. La princesse est suivie, comme toujours, de deux jeunes filles qui lui servent à la fois de secrétaires et de dames de compagnie. En outre, elle a sa cour, en tête de laquelle marche le marquis de Pommereux, puis Ponsard le poète, un autre personnage à cheveux crépus, à figure de renard, au regard fin, à la mise négligée, dont on n'a pu me dire le nom, etc.

M. de Cavour vient au bal, ce n'est certainement pas pour danser. Il est toujours entouré d'un groupe de personnages qui se le disputent et tâchent de lui arracher quelques paroles. Pour n'avoir pas l'air d'un flâneur politique, je n'essaie pas de l'approcher, mais il m'aperçoit, vient à moi, et nous échangeons quelques mots de politesse. Il me parle du comte de Sellon qui fut mon ami, et mort trop tôt, car c'était un véritable homme de bien. Fondateur et président de la Société de la Paix, que n'a-t-il pas fait pour démontrer l'absurdité de la guerre? C'est d'elle que naissent toutes les tyrannies et toutes les misères. Tant que le droit de la faire ou de l'empêcher n'appartiendra pas à la nation, tant que le servage ou l'enrôlement forcé existera, tant que la meilleure partie des impôts dont on écrase les peuples sera employée, non à leur bien-être réciproque, mais absolument au contraire, c'est-à-dire à dresser les hommes à s'entre-tuer pour des points d'honneur imaginaires ou des intérêts qui ne sont pas les leurs, il ne peut y avoir en Europe ni liberté, ni moralité, ni bien-être. Dans tous les Etats il faut une force publique, j'en conviens; mais de là à ces armées qui envahissent toute la partie valide de la nation, il y a loin. A quoi servent-elles? — Je vais vous le dire : à tenter les ambitieux, à leur faire rêver conquêtes, à les entraîner à se ruer sur leurs voisins pour les dépouiller, en un mot, à égorger des hommes et à les voler. *Les grandes armées*, que la majorité y songe, *ne sont levées que contre l'humanité.*

· Le 26 août j'apprends la mort de ma bonne grand'-tante Mme Delahante; elle avait quatre-vingt-huit ans; elle était née de Parseval. C'était une femme de grande distinction et d'une raison parfaite. Je n'ai jamais vu un caractère plus égal : je crois que, dans toute sa vie, elle ne s'est jamais mise en colère.

Ce jour-là je rencontre, à dîner, M. Persoz, profes-fesseur au Conservatoire des arts et métiers, à Paris, et M. Schöll, ancien officier supérieur de la garde suisse du roi de Naples. C'est un homme à figure ouverte et franche, aux manières agréables, et avec qui je fus bientôt lié et le suis encore. Il avait été élevé avec M. Agassiz, et connaissait M. de Bonstetten, le savant archéologue, qui est aussi de mes amis. M. Scholl ha-bite Bienne, dans le Jura suisse.

J'avais remarqué, au haut bout de notre table, un homme à barbe grisonnante et d'une noble figure, ayant à ses côtés une dame également remarquable par sa grâce et sa distinction. Ce personnage était l'objet d'une attention particulière : tout le monde allait le saluer. Il était entouré de ses propres domestiques, et on le servait toujours le premier. J'appris que c'était le marquis Giorgio Pallavicino-Trivulce, un des plus nobles et des plus riches propriétaires du Piémont, et connu de toute l'Europe pour son dévouement à son pays, son antagonisme contre l'Autriche et le long emprisonnement qu'il avait subi au Spielberg avec Silvio Pellico. J'ai su aussi qu'il connaissait le marquis Lorenzo Pareto, de Gênes, et le marquis Visconti, de Milan, que j'avais connu moi-même. J'allai lui faire une visite. Nous causâmes beaucoup sur les affaires de l'Italie: de la conformité d'opinion naquit ce jour-là, entre nous, une amitié qui n'a jamais faibli.

Le dimanche 28, je trouve à la piscine un gros curé qui voulait absolument apprendre à nager. Faute d'autre professeur, je lui donne une leçon et, ma foi, ses progrès étaient rapides, quand arrive le terrible quatuor dont l'entrée fut annoncée par cette exclamation du garçon de bain qui s'écria: *Ah! voici nos gueulards!* A peine furent-ils à l'eau, que tout y fut sens dessus dessous. Force fut donc de discontinuer ma leçon et de me rhabiller au plus vite. Le curé continua à s'exercer seul, et il vint dans l'idée à nos garnements de l'en empêcher en dansant et gigotant autour de lui. Il les pria de s'éloigner. Ils n'en firent rien; au contraire, l'un d'eux redoubla d'insolence jusqu'à lui monter sur le dos. Alors la patience lui manqua: de ses bras d'hercule, il souleva l'impertinent écolier et lui administra une correction d'après l'ancienne méthode, au rire inextinguible de tous les spectateurs qui crièrent *bis*, et si bien que notre polisson, en butte aux railleries de ses camarades, prit le parti de la retraite, à la satisfaction générale.

A dîner apparaissent deux figures au teint blafard, qui font tressaillir notre Anglaise qui croit voir une résurrection.

Le soir, grand monde au Casino où je ne croyais trouver que quelques malades. Un personnage politique, qu'on attendait et qui ne vint pas, avait attiré cette foule. Pour l'occuper, on fit danser. Une très-jeune fille au teint mauresque et au fez rouge, valsant admirablement, y est fort remarquée. D'où vient-elle? quelle est-elle? C'est ce que personne ne sait. Celui qui l'accompagne et qui semble être son parent, est un homme de bonnes manières. La princesse de Solms consent à danser, et les hommes, ordinairement si lents à se décider, se montrent plus empressés : elle n'a que l'embarras du choix. Elle valse bien, et polke mieux : c'est une femme des plus séduisantes. Elle peint, elle chante et versifie agréablement, et joue, dit-on, la comédie à ravir, ce dont nous pourrons bientôt juger, car on annonce une représentation d'amateurs au profit des pauvres.

Je n'ai plus le temps de m'ennuyer à Aix; la société de M. et Mme Pallavicino, celle du commandant Scholl qui est un homme du meilleur ton, enfin de M. le professeur Persoz, satisferaient le plus difficile.

Aujourd'hui, la chaleur est extrême. Le soir, en revenant de faire une visite à la princesse, je suis accueilli par un orage. Je me réfugie sous un arbre; je n'en ignore pas le danger, mais quoique grand amateur d'eau, je n'aime pas celle qui tombe d'en haut, surtout quand la grêle s'y mêle. Me voilà donc, sous mon arbre, assez bien garanti, bravant le tonnerre qui fait sa plus grosse voix, et admirant les éclairs déchirant la nue et d'un effet magnifique.

Un coup plus fort et plus rapproché que les autres se fait entendre, et je m'aperçois, à la chûte de la cime d'un arbre voisin, qu'il vient d'être atteint par la foudre. Je voulais bien la voir, mais pas de si près : je m'empressai de battre en retraite. J'étais à Aix pour prendre des douches, mais non de cette espèce, quoiqu'elles soient souveraines, m'a-t-on dit : prises à dose convenable, elles ont guéri de la goutte et de beaucoup d'autres choses.

Le 29 est le jour de la représentation annoncée au profit des pauvres, pour laquelle je reçois une invitation. Elle a lieu dans le jardin du châlet de la princesse. La salle de spectacle a été construite pour la circonstance; il n'y a pas de luxe : c'est une grande baraque en bois. On ne paie pas à la porte; la recette pour les pauvres a lieu au moyen d'une quête. C'est le marquis de Pommereux qui reçoit les billets et désigne la place de chacun.

La soirée s'ouvre par un morceau arrangé pour la flûte, *le Carnaval de Venise*, très-bien rendu par M. Braccialdi, accompagné par Mme de Solms. Ce morceau est suivi du *Chant du pasteur,* mélodie composée par Mme de Solms et touchée par Mlle Lejay, pianiste. —On joue une petite pièce d'Alexandre Dumas, *le Cachemire vert.* Les acteurs sont MM. Tony Reveillon et Patrico; les actrices, Mmes de Solms, Lejay et Vallet.— Viennent ensuite une idylle, *Marquis et Marquise,* par Mme de Solms, et une comédie assez leste, intitulée : *Une mauvaise nuit est bientôt passée.* —Tout ceci est exécuté fort convenablement. Dans l'entr'acte, Mme de Solms fit une quête qui a dû être très-fructueuse.

La rentrée en ville n'est pas facile : le chemin est mauvais, il pleut à verse, on manque de voiture. Je me réfugie dans une masure obscure, où j'ai pour compagnie deux à trois dames dont je ne puis voir la figure. Leurs pères, frères, amants ou époux sont en quête de moyens de transport, et ils ne reviennent pas. Nos pauvres abandonnées s'impatientent et s'effraient, car l'orage redouble. Enfin, l'une d'elles ne peut plus y tenir; elle veut partir à toute force. Je lui offre mon bras. L'obscurité est profonde; nous voilà errant dans la boue. Nous cherchons un meilleur chemin, mais nous tombons de mal en pis : celui que nous prenons conduit dans un pré où nous nous perdons avec de l'eau jusqu'à mi-jambe et la peur d'être précipités dans quelque fondrière.

Enfin le terrain se raffermit, nous n'avons plus de boue que jusqu'à la cheville. Ma compagne y laisse un de ses souliers. Je le cherche à tâtons, j'ai le bonheur de le retrouver. Il s'agit maintenant de le lui remettre; nous y parvenons, non sans peine. Mais de quel côté aller? La nuit est si noire qu'on ne voit pas à un pas devant soi. Le hasard nous favorise, nous trouvons une voie pavée; elle nous conduit à la ville, où une lumière me montre enfin la figure de ma compagne qui est jeune et jolie.

Bientôt nous rencontrons un monsieur fort affairé, portant une ombrelle, le seul moyen de salut qu'il a pu trouver : c'est le mari de la dame qui le reçoit fort mal et ne veut ni de son bras ni de son ombrelle. En effet, trempée comme une soupe, il ne pouvait pas la sécher.

Probablement accoutumé à ces orages, le mari conserve un calme stoïque et nous suit, fort mal à l'abri sous son ombrelle. Nous gagnons ainsi la maison qu'habite le ménage, et je prends congé, tout dégouttant d'une eau qui était loin d'avoir la chaleur des eaux thermales.

Je continue alternativement mes douches et mes bains. Je me suis fait parmi les baigneurs, comme je l'ai dit, une réputation de nageur, bien que la piscine, avec ses quatre pieds d'eau, ne soit pas très-favorable à cet exercice. Les amateurs viennent m'y voir, et je forme des élèves dont quelques-uns me font honneur.

Le 31, je visite la source des eaux qui alimentent les bains d'Aix. Elle est chaude de cinquante degrés, et l'eau y a cinq à six mètres de profondeur. La grotte où elle est située est vaste et des plus curieuse; on la nomme la Grotte des Serpents. Quand les enfants du pays voient des voyageurs qui s'y rendent, ils se précipitent à leur suite, et aussitôt que la porte est ouverte, ils entrent et font la chasse à ce qu'on appelle ici des serpents: ce sont de petites couleuvres de vingt à quarante centimètres de long, dont la peau est agréablement nuancée et qui sont fort innocentes. Les enfants en remplissent leurs mains et leurs poches, non pour les tuer, mais pour les apprivoiser, jouer avec, et parfois les vendre aux amateurs.

Attirés par la lumière qui passe sous la porte, ces reptiles s'y rendent toujours en grand nombre. Un monsieur, suivi de sa femme et de sa fille, venait après nous. A peine eut-il aperçu ces animaux, que s'arrêtant épouvanté, il ne voulut pas passer le seuil, rappelant à grands cris sa femme et sa fille qui le précédaient. Celles-ci, riant de sa frayeur, continuèrent à suivre le guide, mais notre homme, bien qu'il portât moustaches et qu'il fût grand et fort, laissant ces dames affronter les monstres qu'il prenait pour autant de serpents à sonnette, battit prudemment en retraite, ne voulant pas même les attendre à l'entrée où les enfants, voyant sa peur, essayaient de lui en fourrer dans les poches.

Au surplus, ce n'est pas la première fois que j'ai rencontré de ces individus très-braves sur tout le reste, bons militaires, bons marins, et tremblant devant une souris, un crapaud, une araignée, etc., et ne pouvant pas, quoi qu'ils fissent, se guérir de ce travers.

Le 1er septembre, je vais voir la cascade de Gresy, où Mme de Broc, qui y accompagnait la reine Hortense, a péri le 10 juin 1813, faute d'avoir accepté la main du meunier qui voulait la soutenir. Dans un passage difficile, elle glissa. Entraînée dans l'abîme, elle n'en fut retirée que morte.

Cette cascade est un diminutif de celle de Tivoli. Elle n'est pas dans son beau : en ce moment l'eau lui fait défaut. La maison du meunier est dans une situation très-pittoresque.

Nous escaladons la tour de Gresy où sont des antiquités romaines. De ce point, la vue est fort étendue.

C'est avec le commandant Scholl et quelques autres personnes que je fais cette promenade. Il nous raconte un fait arrivé au couvent des capucins de Palerme où l'on dépose les morts après les avoir réduits à l'état de momie par l'effet des émanations sicatives d'une caverne dans laquelle on les dépose. Une année suffit pour opérer cette dessication.

J'ai décrit, dans mon voyage en Sicile, l'effet étrange que font ces milliers de corps desséchés, mais dont les traits ne sont pas sensiblement altérés. Placés en file, debout ou assis, le visage découvert, vêtus de robes brunes ou de celles de leur ordre, et de leurs dignités si ce sont des moines ou des prêtres, l'ensemble de cette légion de morts est d'un aspect qu'on ne saurait rendre.

—Un peintre, nous dit M. Scholl, voulut passer une nuit dans ces catacombes pour y étudier à l'aise et y faire l'esquisse d'un tableau. Les moines se souciaient assez peu de lui en donner la permission, mais enfin il l'obtint, ainsi que celle de conserver de la lumière.

Il régnait un profond silence sous ces vastes voûtes, et l'immobilité de ces milliers de figures dont on voit les mains et les pieds desséchés dépassant les robes, a quelque chose qui ne laisse pas que d'impressionner, même lorsqu'on est en compagnie. Mais notre peintre ne s'intimidait pas facilement; il commença donc paisiblement son travail, et il avait déjà esquissé quelques figures, lorsqu'il crut en voir remuer une. Il pensa que c'était l'effet d'un jeu de lumière ou d'une erreur de sa vue, mais bientôt celle-là même qu'il dessinait agita la tête à son tour comme pour lui faire signe. Etait-ce une plaisanterie et quelque moine malin qui cherchait à l'effrayer? Telle est la demande qu'il se fit. À un léger craquement, il porta les yeux plus loin; toute une file était en mouvement: les uns levaient les pieds comme s'ils eussent voulu marcher; d'autres agitaient les mains par un trépignement d'impatience; enfin toutes ces têtes, par une action simultanée, semblaient le menacer.

Notre peintre fit d'abord bonne contenance; il se crut le jouet d'un rêve, mais il était impossible de s'y tromper. On ne pouvait même pas croire à une mystification, il aurait fallu trop de mystificateurs, car aussi loin que son regard pouvait porter, l'agitation se communiquait d'un groupe à l'autre, et, par instant, il s'y mêlait un bruit qui ressemblait au murmure lointain d'une foule irritée. Il pensa alors que c'était l'effet d'un courant d'air; mais la lumière qui l'éclairait était immobile, il ne voyait aucune ouverture et ne sentait pas le moindre souffle.

Voulant à tout prix pénétrer ce mystère, il se leva et marcha droit aux figures dont les gestes étaient les plus prononcés; mais à peine avait-il fait quelques pas que le bruit cessa, et tout redevint immobile.

Se croyant encore une fois le jouet d'une illusion, il reprit son travail. Pendant une demi-heure, rien ne vint l'interrompre, et il se croyait délivré de cette obsession qu'il attribuait à son imagination surexcitée, lorsqu'il vit de nouveau une figure s'agiter si convulsivement qu'il crut qu'elle allait venir à lui. A ce signal, partout les mouvements recommencèrent avec le même bruissement sinistre. Les nerfs de l'artiste ne purent résister à cette dernière épreuve. Il voulut appeler, sa voix s'éteignit dans sa gorge; il essaya de fuir, ses jambes manquèrent sous lui; et au jour, quand on vint pour le chercher, on le trouva étendu sur le sol et évanoui.

Maintenant voici l'explication : ces souterrains étant infestés de rats, les moines, pour s'en débarrasser, y avaient mis quelques chats. Tant qu'il y avait du monde dans les caveaux ou qu'ils y entendaient marcher, chats et rats se tenaient cois. Le silence rétabli, les rats commençaient à prendre leurs ébats, et les chats, qui les guettaient, se mettaient en campagne. On comprend alors comment ce mouvement se communiquait à ces cadavres desséchés et souples encore, et que faisait bouger le moindre contact.

Le soir, peu de monde au salon, mais j'y trouve MM. de Pommereux et Ponsard. En telle compagnie, le temps ne peut sembler long.

En parlant de compagnie, j'en ai une toutes les nuits qui, d'abord, ne me déplut pas trop, mais dont j'eus bien vite assez : je suis entouré d'animaux chanteurs. Je les prenais pour des oisillons, mais les oiseaux ne chantent pas toute la nuit, ils dorment quelquefois et laissent dormir les autres, tandis que mes choristes ne se taisent pas. Voulant savoir quel animal faisait ce vacarme, je le demandai au domestique qui me dit que c'était un grillon. Je ne pouvais le croire, parce que les grillons restent ordinairement à la cuisine ou au rez-de-chaussée, et ne montent pas au second étage où j'étais logé et dans une chambre sans cheminée ; ensuite, parce que mon chanteur nocturne, en supposant qu'il était seul, avait une voix qui eût couvert celle d'une fauvette et annonçait un animal dix fois plus gros. Mais quand le valet de chambre me dit que depuis quatre jours il faisait la chasse à celui-ci, dont mes voisins se plaignaient également, sans pouvoir le saisir, et que ces insectes, domiciliés à peu près partout, étaient une des calamités d'Aix, il fallut bien le croire.

Je me mis alors à chercher celui-ci, non pour lui faire du mal, le grillon est un animal innocent, il porte bonheur, dit-on. Ajoutons qu'il est brave comme César, et qu'il est toujours sur la brèche quand il s'agit de défendre son foyer et sa famille : c'était donc en ami que je voulais faire sa connaissance, mais je n'y pus réussir. Lorsque je l'entendais chanter d'un côté, j'y courais, croyant l'y surprendre, mais tout-à-coup je l'entendais s'évertuer de l'autre ou à l'endroit même que je venais de quitter. J'ai fini par croire qu'il était ventriloque ou qu'il avait quelque secret d'acoustique de lui seul, connu.

Je vois tous les jours M. et Mme Pallavicino, dont la société me devient de plus en plus chère. La marquise est non moins instruite que son mari ; elle parle correctement l'italien, l'allemand, le français.

C'est sur une propriété et près d'un des châteaux du marquis que fut donné le combat de Montebello. La marquise y courut bravement, secourant également les blessés français, italiens, autrichiens, en se faisant bénir de tous. Je lui demandai à quelle somme pouvait se monter le dégât causé sur sa propriété. — On l'estime à une cinquantaine de mille francs. — Alors, madame, lui dis-je, c'est cent cinquante mille francs que vous devez aux dévastateurs, car ce combat a augmenté de deux cent mille francs la valeur de ce bien.

CHAPITRE V.

—

Départ d'Aix. — Saint-Jean-de-Maurienne. — Passage du Mont-Cenis. — Suse.

—

La tempête, à Aix, est en permanence; elle nous poursuit jour et nuit. Dans celle du 4 septembre, un orage des plus violents ne me permit pas de dormir. Probablement qu'il empêcha aussi mon grillon de chanter ou que la peur l'a fait déménager, car le lendemain je l'entends donner à tue-tête sa sérénade à mon voisin, près du lit duquel il s'était logé. Sa voix arrive encore jusqu'à moi; mais affaiblie par la distance et une cloison, elle n'est plus qu'un murmure très-supportable. Quant à mon pauvre voisin, que Dieu le protége! sinon tant que cet éternel chanteur restera à son chevet, il est condamné à l'insomnie. Je ne sais si les grillons de ce pays sont d'une espèce particulière, mais à en juger à leur musique, ils doivent être gros comme des sansonnets; pourtant je ne saurais l'assurer, car si je les ai souvent et trop souvent entendus, je n'ai jamais pu en apercevoir un seul.

Je vais passer la soirée chez le marquis Pallavicino. Nous causons littérature et des affaires d'Italie, sans oublier Garibaldi qu'il connaît et aime beaucoup, et dont il me dépeint le caractère : c'est la valeur même, c'est aussi un modèle de désintéressement et de probité; mais si j'en juge bien, c'est un cerveau dans le genre du vaillant roi de Naples, Joachim Murat, et du non moins brave maréchal Ney; en un mot, Garibaldi, homme de cœur et homme d'épée, comme eux excellent général d'avant-garde, est trop vif pour être grand tacticien, et trop franc, trop loyal pour être bon politique. Quoique plus conséquent qu'eux et plus fidèle à ses principes, on le verra toujours, entre deux partis, prendre le plus aventureux, et préférer pour conseil l'homme hardi à l'homme sage. Je crains qu'ici, pour le repos de l'Italie, il ne veuille aller, non trop loin, car il y a encore là bien des choses à faire, mais trop vite.

Le 6, apparaît au déjeûner une dame de Florence, au teint mat, aux sourcils noirs arqués, qui a dû être d'une beauté ravissante et qui l'est encore. Elle est avec ses filles, fort jeunes, mais non moins belles. Sans faire tort aux Anglaises et aux Françaises, je crois qu'en fait de beauté, il n'y en a pas qui prêtent à la peinture autant que les Italiennes.

Je rencontre au salon M. Gregory, juge à Lons-le-Saulnier, qui me présente à sa femme, parente du maréchal Berthier, et dont j'ai connu la famille. Il est difficile de trouver une femme d'une conversation plus aimable. J'y vois aussi M. Peronny, avocat à Lyon, qui s'est fait remarquer dans plusieurs causes célèbres.

M. Turner, le secrétaire d'ambassade, malgré ses manières ultra-britanniques, gagne infiniment à être connu : c'est, comme je l'ai dit, un homme d'une instruction solide, et de beaucoup d'esprit. Je le présente au marquis et à la marquise Pallavicino, qui surent bientôt l'apprécier. Sa femme, qui a dû être fort jolie, est aussi des plus aimables.

Je vais, le soir, faire une visite à la princesse. Je la trouve à son piano, composant; puis elle me prie de l'aider à corriger des épreuves, métier dans lequel je ne suis pas novice. L'arrivée de l'ambassadeur américain à la cour du roi d'Italie, M. John Daniel, interrompt notre travail. Beau cavalier, jeune encore, à ses yeux vifs et sa barbe noire on le prendrait pour un Portugais ou un Espagnol. Nous causons histoire et littérature, ce à quoi il s'entend parfaitement.

La princesse veut absolument que je descende du duc de Crèvecœur, un des héros de Walter Scott. Je cherche à la détromper à cet égard, mais elle n'en veut pas démordre, et la voilà faisant ma généalogie. Enfin elle se décide à nous chanter une romance qui vaut beaucoup mieux que son conte généalogique.

Le jeudi 8 septembre, j'ai pris ma douzième douche; elle a duré vingt minutes. J'étouffais; j'ai transpiré à percer draps et couverture. Si cela ne guérit pas mes douleurs articulaires, je ne veux plus entendre parler de douches ni d'eaux thermales.

La dame italienne, dont j'ai remarqué la beauté, se nomme la comtesse D. L. C. Elle habite Florence. A dîner, elle est avec ses filles qui gardent le plus parfait silence. La mère échange avec moi quelques paroles.

M. Scholl nous raconte les espiégleries des jeunes princes de la famille royale de Naples, qu'il accompagna souvent comme officier de la garde. Un jour, il se promenait à Chiaja avec l'un d'eux, âgé d'une quinzaine d'années, quand celui-ci remarque une société de gens attablés à l'air et mangeant des *frutti di mare* (des coquillages). Une voiture de place était arrêtée à quelques pas; notre espiègle trouve moyen d'attacher une ficelle à un pied de la table et, par l'autre bout, à la voiture. Un moment après, le cocher fouette les chevaux, la voiture part, et la table la suit au grand ébahissement de ceux qui y étaient assis.

Les jours de bal, l'étiquette veut que les hommes soient en habit, l'ordre en est même affiché; néanmoins on y met de la tolérance : on permet aux jeunes gens d'y venir en redingote parce qu'ils sont jeunes, et aux vieux parce qu'ils ne le sont plus; de façon que le premier jour, prenant le programme au sérieux, j'y fus en habit, et j'y étais seul.

Notre table, ai-je dit, est ordinairement bien composée, et souvent, au dîner, les bons mots se succédaient. Je regrette de les avoir oubliés. Je me souviens pourtant que M. Turner disait un jour qu'il n'avait pas voulu apprendre l'allemand, parce que les femmes y étaient *neutres.* — La plaisanterie n'est pas mauvaise, mais n'est pas tout-à-fait juste : il n'y a de neutre en allemand que les jeunes filles et les vieilles femmes, les jeunes mères sont féminines.

C'est par les d'Haugeranville que Mme *Gregory est* parente des Berthier. Elle est ainsi alliée à la famille Bryan et à M. Perache, d'Abbeville. Me voilà donc en pays de connaissance. C'est une femme piquante, spirituelle, et dont la figure pétillante d'esprit m'avait frappé tout d'abord.

Nous sommes au 10 septembre : né le même jour en 1788, je commence aujourd'hui ma soixante-douzième année. Je me lève par un beau soleil, avec l'esprit libre et content. Je n'ai pas perdu tout-à-fait mon temps à Aix, j'y ai composé quelques petits morceaux, et j'y ai fait d'aimables connaissances.

On parle de la réunion de ce pays à la France; les habitants le désirent beaucoup. Il en est ainsi dans toute la Savoie; on y aime peu les Piémontais, la différence de langage en est une des causes principales. Il en est de même à peu près partout.

> Les causes de ces querelles,
> De ces procès et débats
> Naissant partout sous nos pas
> Ici-bas, quelles sont-elles ?
> Est-ce l'or ? Sont-ce les belles,
> L'amour et ses embarras ?
> Non; c'est qu'on ne s'entend pas.
> Babel a brouillé la terre
> Et l'on ne s'est chamaillé
> Que du jour, jour de misère,
> Où l'homme a trop babillé.
>
> Je ne sais pas le langage
> Que le père Adam, jadis,
> Lorsqu'il était encor sage,
> Parlait dans le paradis.
> Fût-ce du goth, du vandale,
> Du welche ou de l'algonquin
> Ou du huron de la halle

Et l'argot de l'argousin ?
Si la langue n'était qu'une,
Tout le monde s'entendrait.
A Pékin, à Pampelune,
Naturalisé de fait,
L'étranger plus n'y serait
Un échappé de la lune
Ou tel qu'un sourd et muet.

La bête a cet avantage :
Le bouvreuil ou le pinson,
Qu'il soit né dans le bocage
Ou bien au fond d'une cage,
A Blois, Auch ou Tarascon,
Toujours pur en son ramage,
N'a jamais l'accent gascon ;
Et respectant la voyelle,
Ici comme à Savanach,
Le corbeau, quand il s'appelle,
Fera le même couach !

Ainsi l'homme devrait faire.
Il ne nous faut qu'un jargon
Commun à toute la terre :
C'est celui de la raison.
Toute science est en elle :
Toujours pure et toujours belle,
C'est la langue avec laquelle
On ne peut déraisonner,
Enfin la langue modèle
Puisse Dieu nous la donner !

Dans une ville où chacun court pour obtenir la santé, dans cet Aix-les-Bains qui nous promet une vie éternelle, je crois remarquer que les enterrements ne sont pas moins fréquents qu'ailleurs. Ces enterrements se font en grande pompe ; en voici un qui passe. Une cinquantaine de femmes vêtues en religieuses, mais tout en blanc, avec un énorme chapelet à la ceinture, marchent, placées une à une, sur deux files ; un curé

est au milieu; en tête, une jeune fille, dans le même
costume, porte une croix. On me dit que ces femmes
forment une confrérie qui accompagne ainsi tous les
morts.

Le 12, je quitte Aix pour prendre la route du Mont-
Cenis. J'ai pour compagnons la petite valseuse du
Casino, son père, et un gros monsieur décoré qui me
dit qu'il traverse, chaque année, quatre fois les monts
pour aller en Italie. Il me donne, avec beaucoup d'o-
bligeance, des renseignements utiles sur les moyens de
transport.

Nous voici à Chambéry; je remets à d'autre temps
de visiter la ville. Je continue vers Saint-Jean-de-Maurienne, apercevant en passant quelques villages d'un
aspect assez misérable.

Là, cesse la voie ferrée. J'avais pris ma place jusqu'à
Turin. Je m'imaginais ou plutôt on m'avait assuré à
Aix que je n'avais qu'à descendre du train et à m'asseoir sur les coussins d'une bonne berline, mais nous
arrivons soixante : ce personnel inattendu était assez
difficile à loger dans une demi-douzaine de voitures à
quatre places que, par une mesure administrative sans
doute, les employés nous déclarent être à six, déclara-
tion qui, malheureusement, ne les élargit pas. Quoi qu'il
en soit, nous admettons la chose. Cette détermination
prise, je pensais que nous allions nous mettre en route,
mais une heure s'écoule, et assez peu agréablement, car
nous attendons dans une cour dont certain vent, ayant
passé sur la neige, ne rendait pas le séjour très-chaud.
Un commis, pour nous faire prendre patience, nous
prévient que nous en avons encore pour deux bonnes

heures. Je me décidai donc à aller visiter les curiosités de la ville, résolution qu'encourageait vivement un particulier qui flânait autour de moi et que je priai de me conduire. Quand nous fûmes en route, il me dit qu'il n'y avait rien à voir, mais qu'on y trouvait à boire d'excellent vin. N'ayant jamais entendu vanter le vin de Saint-Jean-de-Maurienne que je ne connaissais que par le breuvage dont Charles-le-Chauve était mort, je ne fus pas fâché, faute d'autre curiosité, de goûter celui dont on ne mourait pas. Me voici donc, sous les auspices de mon guide, attablé au cabaret devant une tranche de jambon qu'il m'avait dit être la sauce indispensable pour juger le vin, et une bouteille du précieux liquide : c'était un petit vin blanc, sec, qui me parut en effet fort potable. Maintenant il me restait à savoir où il poussait, car je n'avais pas aperçu l'ombre d'une vigne, mais j'appris que ledit vin était venu, comme nous, en voiture, et que c'était du vin de Montmeillan. En faveur de sa bonne qualité, je lui pardonnai de n'être pas français, et nous achevâmes la bouteille.

Revenu à la voiture, les choses en étaient encore au point où je les avais laissées. On avait recruté quelques berlingots, mais ce n'était pas assez, car de nouveaux voyageurs étaient arrivés, parmi lesquels une vivandière des spahis, grande femme, jeune et belle, quoique fort hâlée par le soleil. Son fez, sa tunique rouge et son pantalon de même couleur, ses bottes à éperons, attiraient les regards de tout le monde. Elle avait un petit garçon de six à sept ans, son fils probablement. Elle ne semblait pas bien riche, cependant je la vis, non sans attendrissement, faire l'aumône à un pauvre.

3*

Une heure se passe encore. Enfin on a réuni le nombre de voitures à peu près indispensables; il ne s'agit plus que de nous y faire tenir. On choisit parmi nous les plus minces pour en mettre six dans les caisses à quatre places, et cinq lorsqu'ils sont plus gros, arrimage qui ne se fait pas sans bruit : les choses ne disent rien quand on les tasse, mais les gens ne sont pas si patients. Ici les femmes crient, les hommes jurent; mais comme tout le monde veut partir, on finit par s'arranger.

Une fois placés, nous commençons à nous regarder. La compagnie, moi compris, se compose d'une dame et de cinq hommes dont pas un Anglais, conséquemment de bonne humeur et aimant à causer. Une demi-heure s'était à peine écoulée que nous étions tous en connaissance. Trois des hommes étaient Italiens. L'un habitait Gênes et était gros propriétaire, comme il nous le dit plus tard. L'autre allait à Mantoue, où il est architecte. Le troisième, Livournais, à la barbe noire et à l'air décidé, est capitaine au long-cours. Le quatrième, jeune élégant qui, pour passer le temps, s'est fait friser à Saint-Jean-de-Maurienne, est voyageur pour les vins et tout à son affaire, car à brûle-pourpoint il nous vante l'excellence de son saint-émilion en nous faisant ses offres de service. Pour la rareté du fait, je le prends au mot et lui fais la commande d'une barrique.

La dame, assez jolie et très-causeuse, nous apprend qu'elle est Languedocienne, ce que j'avais reconnu tout d'abord à son accent. Elle habite les environs de Paris. Elle a toute la vivacité des femmes du midi et la gentillesse des Parisiennes. Sa franchise est parfois des plus plaisante. Un des voyageurs lui ayant demandé à quoi elle passait son temps : — « A; ne; rien faire, répondit-elle. Moi, je hais le travail. Mon mari travaille pour deux. Qu'ai-je besoin de m'occuper? Je ne l'ai pas trompé, je lui ai dit avant de le prendre : c'est pour ne rien faire que je me marie. — Je l'entends bien comme cela, m'a-t-il répondu. — Aussi je ne changerais pas mon mari contre le pape, et c'est pour aller le rejoindre que je vais à Turin. »

Le Génois est un vieux noble ayant bien le type du pays. Il regrette toujours d'être devenu Piémontais, et nous parle du beau temps de la république. Il me dit que Mme Costa, qui me paraissait si belle quand, avec mes dix-sept ans, j'arrivais à Gênes, et qu'elle était déjà très-mûre, vivait encore ; elle avait quatre-vingt-huit ans. Mme S***, la charmante espiègle, si jolie et si grande dame, en avait soixante-douze et était veuve depuis longtemps; elle habitait la campagne.

Le Mantouan a longtemps séjourné en France où il a pris le goût des calembourgs, goût fort agaçant pour les tiers. Afin de l'en distraire et d'en éviter quelques-uns, je lui parlai grenouilles. En effet, de mon temps, Mantoue en était le quartier-général. Elles y étaient fort estimées; on en mangeait à toute sauce : bouillies, farcies, rôties, non en les écourtant comme chez nous où l'on se borne aux cuisses, mais dans toute leur corpulence et bien bourrées de farces et d'épices. Une ligne de ces amphibies ainsi farcies, placée sur les murailles, aurait suffi pour défendre la place contre une armée anglaise.

Je me chagrinais fort de traverser le Mont-Cenis la nuit et d'en perdre ainsi la vue, mais il fait un beau clair de lune : sous cette lueur, la neige brille sur les cimes et nous présente d'admirables effets de montagne. Je regrettais qu'un peintre paysagiste ne fût pas avec nous. Un village que nous aperçûmes avec son église est placé de la plus étrange manière ; on en distingue tous les détails, et pourtant tout y semble en miniature : on prendrait ses maisons pour des jouets sortis d'une boîte.

Nous restons en extase devant un torrent ; son écume, son murmure, ses bonds désordonnés ont, au clair de la lune, quelque chose de féerique.

Mon Bordelais est dans l'enthousiasme, il ne songe plus à son vin. La dame babille. Personne ne pense à avoir peur, cependant le précipice est là : on comprend qu'on est à quelques pouces de l'abîme et qu'il suffit d'une roue qui se brise ou d'une pierre un peu trop grosse qui la soulève pour y lancer la voiture. Notre convoi n'est plus que de six, dont les lumières font, au milieu de cette solitude, un étrange effet. Un ressort casse à la nôtre sans autre accident. Nous n'en craignons pas moins d'être obligés d'attendre le reste de la nuit. Heureusement nous étions à l'entrée d'un village ; on envoie chercher serrurier et charpentier, mais personne n'arrive. Enfin on vient nous dire de ne pas nous impatienter, qu'ils achèvent leur bouteille et qu'ils ne tarderont pas.

Nous nous décidons à quitter la voiture et à aller souper : c'est une occupation comme une autre. Nous voici donc au cabaret, l'hôtel du lieu : — « Entrez, signori, nous dit l'hôtesse, vous êtes servis. » — Il n'y a sur la table qu'un pain et une cruche. Je soupe avec une croûte et un verre de vin qui n'était pas du montmeillan, tant s'en faut. Je fais la grimace; alors le Génois me donne la liste des vins fins de son pays : le grignonilo, le parolo, l'hebiolo, l'amabile, l'asti, etc. Il m'en vante la qualité, la limpidité, la couleur, le bouquet, ce qui ne me fait pas paraître meilleur celui que je bois.

Les maisons de bois sont couvertes d'énormes pierres plates, très-propres à les empêcher de s'envoler, mais qui doivent aider à les écraser quand, à leur poids, s'ajoute celui de la neige. Je remarque des fenêtres grillées, et de petites portes singeant les grandes et qui ressemblent à des gueules de fours.

L'accident est réparé, nous avons repris notre marche. Les autres voitures nous avaient attendus, ainsi le veut le règlement, chose assez prudente : dans les mauvais temps, les voyageurs, sauf les courriers, ne marchent que par convois.

Nous traversons d'autres villages ou hameaux, toujours éclairés par cette magnifique lune dont je ne cesse de remercier l'éclat qui nous laisse apercevoir la cime des montagnes et le cours des torrents formant chûte ou cascade. Dans un de ces cours d'eau, nous apercevons des lumières; le Génois nous dit que c'est une pêche aux flambeaux, et que l'on prend ainsi de fort belles truites.

Après une montée de cinq heures, nous sommes à la cime du Mont-Cenis. On nous annonce que la descente en demandera trois; elle est en zigzag, et l'effet des lumières de nos voitures se fait encore mieux sentir. Notre Mantouan rit toujours des calembourgs qu'il fait ou qu'il croit faire.

Nous sommes à Suse, située à la jonction du Mont-Cenis et du Mont-Genèvre. Cette petite ville, dont la population est de deux mille âmes, est très-ancienne. On y montre un arc-de-triomphe dédié à Auguste et dont l'érection date d'avant notre ère. — Là s'élève une dispute entre un garçon d'écurie et un soldat qui l'a traité de *Mauriennais*. Ici on ne veut pas être de la Maurienne, comme en Corse on ne veut pas être de Lucques, et c'est une grosse injure que d'être appelé Lucquois. Je me souviens de la fureur dans laquelle se mettaient, quand j'étais à l'école, mes camarades nés à Amiens, lorsque nous les nommions *Amiénois*. Ils voulaient bien être d'Amiens, mais non être des Amiénois. *Mangeurs de noix*, ajoutions-nous, parce qu'Amiens, dit la chronique, a été pris par les Espagnols à l'aide de sacs de noix qu'ils avaient répandus devant les portes pour distraire la garnison. Ces haines de ville à ville, et elles ne sont que trop fréquentes, viennent presque toujours de causes aussi futiles qui résistent à la fois au temps et au sens commun.

Ce qui m'a frappé à Suse, c'est que la façade des maisons, ou ce qui regarde la rue, est ordinairement sans fenêtre. Est-ce pour échapper à l'impôt ou à la curiosité?

Les lieux habités que l'on rencontre de Suse à Turin sont, nous dit le Gênois : Russolino, sur la rivière de Doire, village de cinq à six cents âmes; Saint-Georges et Saint-Antonin, qui en ont à peu près autant; Saint-Ambroise, bourg de huit cents habitants, dominé par la montagne de Saint-Michel que couronne un couvent abandonné; Avigliano, espèce de ville où sont des filatures de soie. Dans le voisinage sont deux lacs cités pour leurs beaux et nombreux poissons. Là, on se croirait presqu'en plaine, mais les montagnes ne tardent pas à reparaître. Ce n'est qu'à Rivoli qu'on est réellement en Piémont.

Mais laissons là les noms pour lesquels je renvoie aux livres de postes; j'en reviens à mes propres remarques. A droite de la route, j'aperçois un couvent ou château en ruine sur la cime d'un rocher. Une seconde ruine, également très-pittoresque, se montre un peu plus bas.

A un saut que fait notre voiture accrochée par un fragment du roc, la dame, effrayée, s'écrie : — « Ah! nous sommes perdus! — Ne vous inquiétez pas, lui dit l'architecte qui s'est fait le loustic de la compagnie, on nous retrouvera toujours. »

Après avoir traversé encore plusieurs bourgs ou villages, le Gênois nous fait remarquer, au loin, le château de Rivoli. A droite est le Mont-Rosa, dont le pic en pain de sucre est couvert d'une auréole de neige. On dit que ce mont n'a jamais été escaladé.

Nous entrons à Rivoli, ville de cinq à six mille habitants, connue par son château royal. Ce Rivoli est situé sur la rive droite de la Doire. Les guides l'indiquent souvent comme voisin du champ de bataille de ce nom; c'est une erreur : le Rivoli de la bataille, placé sur l'Adige, faisait partie du royaume lombardo-vénitien. Cette bataille fut gagnée par le général Bonaparte, sur les Autrichiens, le 13 janvier 1797. Masséna contribua beaucoup à ce succès; aussi, devenu empereur, Napoléon Ier le fit duc de Rivoli.

De Rivoli, un beau chemin va nous conduire à Turin.

Déjà nous distinguons, sur la cime d'un mont escarpé, la Superga où l'on enterre les souverains piémontais. Nous sommes ici véritablement en Piémont; la richesse et la fertilité du pays nous l'annoncent. Avant d'entrer en ville, à gauche de la route, est une pyramide marquant un des côtés de la base d'un triangle déterminant le méridien de Turin.

CHAPITRE VI.

—

Turin. — Un grand personnage.

—

Il est une heure et demie du matin ; nous entrons à Turin ; je descends à l'hôtel Feder.

Mon séjour à Turin devant être très-court, je ne veux pas l'employer à dormir, bien que j'aie veillé toute la nuit. N'allez pas croire pourtant que je regarde le sommeil comme un temps perdu pour l'étude ni même pour l'inspiration : c'est toujours en dormant que j'ai eu mes plus belles idées. Poète, j'y composais des vers dignes d'Horace ; musicien, des accords qu'auraient enviés Mozard et Rossini ; géologue, mon œil pénétrait jusqu'au centre de la terre ; métaphysicien, je lisais dans l'infini. Malheureusement au réveil, lorsqu'encore sous le charme, fier et heureux de tant de chefs-d'œuvre et de si merveilleuses découvertes, je courais à mon pupitre et saisissais la feuille destinée à recevoir ces trésors de la science et ces éclairs du génie, il m'était impossible de coordonner mes idées ni même d'en rendre une seule; je ne trouvais ni mot, ni phrase, ni langue aucune dignes d'exprimer de si sublimes inspirations. Ma voix, que je croyais prête à déborder en torrents d'harmonie, ne s'échappait qu'en notes grêles ou nasillardes, et, dans mon impuissance, il me semblait que je voulais exécuter un chœur de Gluck ou le *Stabat* de Pergolèse avec un mirliton ou un galoubet. En vain je redoublais d'efforts, la matière reprenait ses droits, se riant de l'esprit : à mesure que les dernières vapeurs du sommeil se dissipaient, que mes organes se détendaient, mes souvenirs s'effaçaient ; je ne me rappelais que le premier hémistiche de chaque vers ou que l'accord final de mon *tutti*. Quand, ébloui de ces bribes scintillantes, j'allongeais ma main pour ressaisir mon œuvre, tout s'évanouissait : comme d'un feu d'artifice, il ne me restait que la fumée. Ma plume, que j'avais dix fois plongée dans l'écritoire, croyant toujours qu'il en sortirait un chef-dœuvre, n'accouchait que d'un flot d'encre s'étalant bêtement sur le papier.

Quoi qu'il en soit, ma remarque subsiste, et je n'en maintiens pas moins que l'âme, tandis que le corps repose, peut découvrir ce qu'elle ne sent ni ne voit quand l'élément lui fait éclipse ou qu'elle est aux prises avec ses sens et ses instincts qui, en se réveillant, la ressaisissent, la rejettent dans sa boue terrestre et l'empêchent ainsi de retrouver les nobles et pures idées de la nuit. Il est donc démontré, nonobstant l'opinion contraire de nos savants, notamment de nos plus célèbres opticiens et marchands de lunettes, qu'on ne voit bien que les yeux fermés et lorsque l'âme, dégagée de ses langes, est livrée à elle-même ou à sa lucidité naturelle; et je ne cite pas ici par ouï-dire, mais par ma propre expérience appuyée d'ailleurs, comme on vient de le voir, de preuves assez claires que je résume ainsi :

Il est tel docteur qui prétend
Qu'il ne voit rien, paupières closes;
Mais quant à moi, c'est différent,
En dormant je vois bien des choses.

Je m'y suis vu mort; oui! d'un bond
Mon âme avait fait maison nette.
Mort, en étais-je plus mal? Non,
N'ayant changé que de toilette.

Mais pour passer droit bienheureux
N'ayant d'œuvre assez méritoire,
Dieu me mit, pour un an ou deux,
Surnuméraire en purgatoire.

Le premier jour j'ai grimacé,
Croyant y rencontrer le diable.
Point!... Sur ma foi de trépassé,
C'est un séjour fort agréable.

Et si, recommençant mon temps,
J'avais le choix, j'aime mieux faire
En purgatoire mes deux ans
Que d'en refaire un sur la terre.

Je déjeûne à table d'hôte; elle est mieux servie en vivres qu'en convives. J'ai en face de moi un monsieur italien, décoré de je ne sais quel ordre, mais cette décoration, il ne l'a certainement pas obtenue pour son savoir-vivre ou son aménité : sans égard pour personne, il se fait apporter tous les plats, choisit son morceau et apostrophe très-durement les domestiques quand ils tardent à le servir, agissant enfin comme s'il eût été en pays conquis. Je crus un instant que c'était un

officier-général qui pensait être encore au camp ou au
bivouac, mais quelque chose de théâtral dans ses gestes
et dans son ton donnait aussi à deviner que ce pouvait être une célébrité parlementaire, quelque grand
homme du jour infatué de son succès de la veille. Tran-
chant sur toutes les questions, il ne ménageait personne.
Il avait déjà rabroué d'une manière assez peu courtoise
deux de ses voisins, gens âgés, à l'air respectable, qui
avaient manifesté une opinion contraire à la sienne, et
qui, quoiqu'ils eussent parfaitement raison, avaient
supporté sans mot dire son outrecuidance. Mais il n'en
fut pas ainsi d'un troisième individu qu'il voulut traiter
de même à l'occasion d'une observation qu'il fit sur la
liberté de l'Italie, question qui préoccupait alors tout
le monde : celui-ci, pour réponse, lui envoya sa carte,
ajoutant qu'après son dîner, il aurait l'honneur d'aller
lui demander la sienne.

Le personnage qui avait agi ainsi était assis près de
moi : c'était un homme de bonne mine, parlant bien
français, mais qu'à son accent j'avais reconnu pour
Italien. La chose pouvait devenir sérieuse, car dans la
conversation il m'avait dit qu'il était militaire et avait
fait la dernière campagne. Si l'homme au ruban l'était
aussi, un duel était imminent. Quoique l'un et l'autre
me fussent également étrangers et que le premier m'eût
souverainement déplu, je regrettais qu'ils allassent se
couper la gorge pour une simple divergence d'opinion
et des mots sans portée, car en définitive, il n'y avait
eu dans leurs paroles aucune injure directe ou personnelle : rien n'annonçait qu'ils se connussent même de
nom. Je dis à mon officier ce que je pensais, et que

puisqu'il avait le beau rôle, il devait le garder et
attendre à son tour celui qu'il avait provoqué. Il n'était
pas trop de cet avis, mais je l'y amenai en lui disant
que je ne quitterais la table qu'avec lui, c'est-à-dire pas
avant que l'autre se levât; qu'alors il se lèverait à son
tour, et que nous verrions si son adversaire l'attendrait
ou battrait prudemment en retraite.

Ce fut, comme d'ailleurs je m'y attendais, ce qui
arriva : la bravoure est rarement le fait de ces faiseu rs
d'embarras. Ce type là n'est pas unique, et j'ai plus
d'une fois rencontré des gens de cet acabit. Je n'aurais
pas parlé de cette affaire fort insignifiante, si je n'en
avais pas, comme on le verra bientôt, retrouvé l_e
héros.

Après déjeûner, je me mets en promenade. Turin n'es
pas une ville nouvelle pour moi, mais j'aime à revoi r
ce que j'ai vu. La première personne que je rencontre
est la petite valseuse du bal d'Aix, qu'accompagne tou _
jours son père. En vérité, si j'eusse été plus jeune et
que ce père, cet oncle ou ce tuteur fût un jaloux, un
Bartolo, il aurait pu croire que j'étais quelqu'Almaviva
à la poursuite de sa Rosine. Probablement la même
pensée vint à la jeune fille, car elle se mit à rire, à
quoi je répondis par une grande salutation que son
cavalier me rendit avec la même civilité.

Le domestique qui me conduisait me fit remarquer la
statue nouvellement érigée à Gioberti, le défenseur de
la liberté italienne. Les passants la saluaient, je fis
comme eux. Elle ne me rendit pas mon salut, comme
celle du commandeur à Don Juan, mais elle me rappela
un de mes anciens camarades qui vit peut-être encore

et dont le souvenir est toujours resté, dans mon esprit, mêlé à ce vieux conte si souvent mis en scène.

C'était en 1813. Alors on ne se déplaçait pas comme aujourd'hui : un voyage à Paris était une grosse affaire, et l'ami dont je parle, domicilié en province, n'y était jamais venu. J'y habitais à cette époque, et je me fis un plaisir de lui en montrer les monuments et surtout nos musées qui n'avaient pas encore été dépouillés d'une partie de leurs chefs-d'œuvre. Nous étions au Louvre, et après avoir parcouru la galerie de peinture, je voulus le conduire dans celle de sculpture. A mon grand étonnement, il ne parut pas s'en soucier. J'insistai; il s'y refusa positivement. S'il eût été janséniste ou puritain, j'aurais cru que c'était par scrupule religieux et que le nu effarouchait sa pudeur, mais il s'était longuement arrêté devant des tableaux tout aussi décolletés et sans en paraître scandalisé le moins du monde. Il avait donc un autre motif. Lequel? Cela m'intriguait, néanmoins je ne le lui demandai pas.

En sortant, nous gagnâmes les Tuileries et traversâmes le jardin. Là je remarquai encore que lorsque nous approchions d'une statue il tournait le dos, et même, s'il les apercevait de loin, il faisait un détour. Je commençai à croire qu'il y avait à ceci une cause plus sérieuse que je ne pensais et qui se rattachait à quelque triste souvenir. Il devina ma pensée : — « Je vois, me dit-il, que mon aversion pour les statues vous étonne et que vous êtes disposé à me considérer comme un maniaque; c'est qu'en effet je le suis, mais sur un seul point que vous avez déjà pu entrevoir, lequel se rattache à un fait que je vais vous raconter, fait bien

futile et qui vous fera sourire, mais qui n'en prouve
pas moins combien peuvent être puissantes et durables
les impressions de l'enfance.

« J'avais six ans lorsque mon père qui, comme vous
savez, habitait la campagne, me conduisit à Marseille
pour m'y mettre en pension. C'était la première fois que
je venais à la ville, et vous jugez si tout m'y semblait
beau. Le soir, il me conduisit au spectable. On commença par une petite pièce mêlée de chants, qui me
divertit beaucoup. On donna ensuite *le Festin de Pierre*,
de Molière. Les premiers actes m'intéressèrent, et les
grimaces du valet me firent rire aux larmes. La statue
du commandeur, sur son piédestal, me parut fort belle ;
elle ressemblait à un saint qui était *dans* notre église,
et je n'y voyais qu'une image de pierre. Aussi mon
étonnement fut grand quand je vis cette figure remuer
la tête ; cependant je fis bonne contenance, et les choses
se seraient assez bien passées si la frayeur du valet,
qui alors ne me faisait plus rire et que je prenais fort
au sérieux, ne m'eût pas gagné, et je dis à mon père que
je voulais m'en aller. Il se moqua de moi et me répondit
que nous partirions quand la pièce serait finie. Je pris
donc patience, mais j'étais loin de m'amuser, et toujours
jours aux aguets, je tremblais de voir reparaître cette
grande figure blanche. Aussi, au dernier acte, quand
j'entendis les coups frappés par des pas lourds et reten-
tissants, et que je vis entrer la statue, un tremblement
nerveux me prit, mes membres se raidirent, et mon
père m'emporta évanoui. Je passai une nuit affreuse. Le
lendemain, j'avais la fièvre accompagnée de délire : à
chaque bruit, je croyais toujours voir entrer le terrible

commandeur, et je tombais dans des convulsions telles, qu'on me crut atteint d'épilepsie. Ces attaques se passèrent, mais pendant des années encore je fus sujet à des hallucinations qui firent craindre pour ma raison. J'en guéris, mais non si bien que l'aspect des figures qui me rappellent celle qui m'a fait tant de mal ne m'impressionne encore de la manière la plus désagréable. J'ai fait tout au monde pour surmonter cette faiblesse : je me suis astreint à passer des journées entières à côté de ces statues qui m'inspirent une telle horreur ; mieux encore, j'ai équipé un mannequin dans le costume du commandeur et je l'ai mis dans un cabinet qui touche à ma chambre à coucher, d'où je pouvais sans cesse l'apercevoir. Rien n'y a fait ; il m'a fallu le faire enlever. Mes hallucinations avaient recommencé : chaque nuit, je croyais l'entendre ouvrir la porte du cabinet, et je le voyais, remuant la tête, au chevet de mon lit. Si j'avais persisté, je serais devenu fou. »

Ainsi finit le récit de mon compagnon. Il ne m'étonna pas, car, dans ma petite enfance, j'avais éprouvé quelque chose d'équivalent. On m'avait aussi conduit à un drame sépulcral que j'avais pris au sérieux et dont les scènes cadavériques ont également, pendant des années, troublé mon cerveau. Avis aux parents.

Laissons là ces terreurs enfantines et revenons à la liberté de l'Italie, qui, ainsi que je l'ai dit, était la grande préoccupation du moment. Pauvre peuple, il a bien combattu pour elle ! Il y a quelque mille ans que la Péninsule est un champ de bataille. Nos pères Francs et Gaulois furent les premiers barbares qui se disputèrent ses dépouilles. Depuis, combien n'en a-t-elle pas vu d'autres? Dans les temps modernes, Espagnols, Allemands, Français, Russes, Anglais, chacun tour à tour, comme les chiens à la curée, en arrachèrent une pièce. La France seule finit par la posséder tout entière, mais pas assez longtemps, malheureusement pour cette Italie; car si, dès cette époque, administrée à la française, elle était devenue une, à quelle hauteur ne serait-elle pas aujourd'hui ! Les fautes de Napoléon 1er et sa chûte ont fait bien du mal à la France, mais cette chûte a été plus funeste encore aux puissances qui l'ont amenée et à leurs peuples : elle a fait faire un pas rétrograde à la liberté, et retardé d'un siècle la civilisation de l'Europe et la paix du monde.

CHAPITRE VII.

—

—

Je connaissais déjà les musées de Turin, c'est précisément pour cette raison que j'y retournais. Le musée d'armes, celui des antiquités romaines et égyptiennes, spécialement ce dernier, sont très-riches. J'en ai parlé ailleurs.

Dans la collection des fossiles, il y a quelques morceaux fort remarquables, entr'autres une défense de mastodonte, l'une des plus fortes que j'aie vues. Un fémur du même pachyderme confirme cette taille gigantesque. Une dent fossile de requin, ayant onze centimètres de hauteur, annonce un animal monstrueux; néanmoins j'en connais une plus grande en Angleterre, et qui a dû appartenir à un individu long d'environ vingt-cinq mètres. Les anciennes mers étaient peuplées de tels monstres, et il est à croire qu'il y en avait de plus grands encore.

Dans la série des singes, il en est un, le *jacchas pigmeus* du Brésil, qui n'a pas plus de huit centimètres de hauteur. Si le genre humain se composait d'autant d'espèces et variétés que celui des quadrumanes et, comme dans ceux-ci, si les petites n'étaient pas les moins intelligentes, on serait assez embarrassé de ces capacités en miniature. Comment élire des représentants ou nommer des ministres hauts de quatre pouces? Il faudrait pourtant en venir là, si le bon sens n'avait pu monter jusqu'à ces grosses têtes.

Après avoir vu les musées, je vais visiter les hôpitaux. Je commence par celui où sont nos blessés; ils se louaient beaucoup des soins qu'on avait d'eux.

Me voici sur la piazza Castillo, où est le palais *Madame* qui contient une galerie de peintures. Pour y entrer, il me fallait traverser la place, et j'étais arrêté par un rassemblement qui entourait un brillant équipage où trônait un homme coiffé d'un chapeau à plumes et en habit de gala. Deux laquais non moins dorés se tenaient respectueusement derrière; un cocher poudré à blanc, fouet en main, était sur le siége. Une partie des spectateurs, bouche béante, le chapeau à la main, admirait cette magnificence. Me voici admirant comme les autres, me demandant si ce n'était pas quelque ministre plénipotentiaire se rendant au palais ou une altesse étrangère allant saluer Sa Majesté, quand un roulement de tambours, suivi d'une fanfare de trompettes, se fait entendre. Alors le grand personnage se lève et, par un geste superbe, réclame le silence et prend la parole. Son éloquence était vive, si j'en juge à l'impression qu'elle semblait faire sur la foule; néanmoins, vu la distance, je n'y comprenais pas grand'chose, lorsqu'à l'exhibition d'une masse de petits vases qu'ils tira d'un coffre et que je reconnus à la forme pour être des pots de pommade ou d'une graisse quelconque à l'usage des niais, cent mains se tendirent vers lui pour recevoir en échange de leur monnaie ces pots précieux que tous ses accolytes, y compris tambours et trompettes, ne pouvaient suffire à débiter. Notre plénipotentiaire, notre prince étranger n'était donc qu'un marchand d'orviétan. Je m'y attendais presque, mais ce à quoi je ne m'attendais pas, c'est qu'ayant soulevé son chapeau, je reconnus sous ce beau plumage l'homme au ruban du déjeûner, avec lequel mon voisin le capitaine avait voulu se couper la gorge, me félicitant d'ailleurs que ce marchand de pommade n'eût pas été plus brave, car j'aurais été assez peu flatté, comme probablement notre officier, de figurer dans cette burlesque affaire. Avis à ceux qui se mêlent des querelles qui ne les regardent pas.

De la place Madame, je gagne celle de Saint-Charles où sont deux églises, Saint-Charles et Sainte-Christine, et la statue en bronze d'Emmanuel-Philibert; puis la place Victor-Emmanuel, très-grande et très-belle, et que termine un pont sur le Pô; enfin la place Carignan, qu'orne le palais de ce nom.

Les boulevards de Turin méritent aussi d'être vus. Il ne faut pas non plus oublier la rue Neuve et la rue du Pô. Aux habitations anciennes, mais élégantes, dont ces rues fourmillent, il faut ajouter celles plus modernes des généraux La Marmora et Pepe. Le jardin public est nouveau, car les arbres n'y sont pas encore poussés.

Je vois le terrain sur lequel ont campé, après la

dernière paix, quarante mille Français. Pas un seul arbre de la promenade qui l'environne n'a été endommagé. C'est là que l'on a célébré, il y a un mois, la fête de Napoléon. Il y reste encore quelques troupes campées, et huit pièces de canon prises sur les Autrichiens par les Piémontais.

Je monte en omnibus pour gagner la voie qui conduit à Milan. Bien que l'hôtel Feder soit le premier de Turin, les prix y sont fort modérés : ma carte à payer, pour chambre, antichambre, un dîner et deux déjeûners, ne s'élève qu'à dix-huit francs.

La gare de Turin est pitoyable ; probablement elle n'est que provisoire.

Nouvelle surprise : ici je retrouve, pour la quatrième fois, la petite valseuse et son père qu'il est bien facile de reconnaître à ses cheveux gris et ses moustaches noires.

En attendant le signal du départ, plusieurs officiers déjeûnent à grand bruit. Je les écoute bâbiller. L'un se plaint de ce qu'on ne lui sert pas de poisson. Un autre, qui est à une table à côté, le plaisante et lui dit : « Cela ne m'étonne pas ; voilà six lieues que je fais avec mon ordonnance, une ligne à la main, sans pouvoir en pêcher un. »

Le signal est donné. J'ai pour compagnons de wagon un officier qu'on qualifie de général, mais sans dire son nom, un ingénieur, et un capitaine de carabiniers piémontais. Nous passons la Doira. Partout la campagne est en pleine végétation, et l'on ne s'y aperçoit pas du séjour des armées. Les environs de Verceil sont surtout remarquables par leur fertilité ; j'y vois des risières dont la terre, me dit l'ingénieur, se vend de trois à quatre mille francs *la giornata* ou huit cents mètres carrés. Ce pays est certainement l'un des plus riches du monde.

Verceil, situé près du confluent du Cervo et de la Sésia, est dans une position charmante. On cite sa cathédrale, ouvrage moderne décoré de quelques bonnes peintures.

Après Verceil, nous rencontrons le pont de la Sésia, que les Autrichiens ont fait sauter lors de leur retraite. Il est réparé.

Nous voici à Novarre. Quand j'y passais en 1853, un officier, acteur dans l'affaire, m'en faisait alors la description. Aujourd'hui, c'est à mon tour de la répéter à mes compagnons de voyage qui, sur ce point, en savent moins que moi. J'oublie souvent ce que j'écris, mais rarement ce qu'on me dit. En échange, le capitaine de carabiniers, qui a assisté à la bataille de Magenta, m'en fait le récit sommaire, car nous en approchons.

La campagne est toujours luxuriante; les mûriers y contribuent beaucoup. Nous voici à Trecate; les champs sont couverts d'épis dorés de blé de Turquie; toutes les maisons ont un extérieur propre et annonçant l'aisance, et peu de semaines avant, nos armées couvraient ce pays. J'ai peine à en croire mes yeux. Les soldats d'aujourd'hui sont véritablement des saints, comparativement à ceux d'autrefois: alors il fallait des années pour faire disparaître les traces de leur passage, maintenant des semaines suffisent.

Nous passons le Tessin sur le pont de Buffalora qui vient d'être refait. Les Autrichiens en ont fait sauter deux arches dont nous voyons les débris sur la rive; mais à côté, la campagne est riante et verte.

On me montre, non loin de ce pont, la place où l'Empereur s'est tenu pendant l'affaire : c'est de là qu'il donnait ses ordres. Sur le champ de bataille de Wagram, on m'avait fait voir également, en 1810, la place ou plutôt les places où s'était successivement arrêté Napoléon 1er. Qu'a-t-il dit de Magenta? l'a-t-il vu de l'autre monde?

Nous allons être sur le champ de bataille. A gauche de la voie ferrée est passé le corps d'armée du maréchal Mac-Mahon allant vers Magenta.

Je n'entrerai pas dans les détails que me donne le capitaine; je renverrai aux bulletins et aux plans qui les accompagnent. Je remarque un petit pont troué par les boulets, et des arbres coupés par ces mêmes projectiles, mais ce qui m'étonne, c'est qu'il n'y en ait pas davantage. Beaucoup de mûriers et de vignes se montrent encore debout sur divers points de ce champ de meurtres. Sur d'autres, on en a déjà replanté.

De loin à loin, des croix indiquent les places où l'on a enterré des masses de cadavres. Mais il y en a bien plus dans une tranchée creusée le long de la voie; elle semble faite de la veille, car l'herbe n'a pas encore eu le temps d'y croître. Cette tranchée, qui s'étend à perte de vue, fait frissonner. Que de générations, que d'espérances sont enfouies là! Que de misères et de larmes en sont sorties! Qui donc profite de la guerre? Les corbeaux, les vers et les rats.

Si l'on consultait les masses, si l'on y mettait la guerre aux voix, combien de langues ne se dessécheraient-elles pas avant de dire *oui!*

Nous touchons à la gare de Magenta où je compte m'arrêter; je prends donc congé de mes compagnons.

A peine suis-je hors du wagon que des gamins, car c'est une race qui pousse partout et qui, partout aussi, est plus ou moins trafiquante, viennent me proposer des reliques du combat, des balles, des morceaux d'obus, des fragments de casques. Mais je veux les trouver moi-même, et je choisis, pour me guider, celui de ces enfants qui me paraît le plus intelligent.

Ce que je remarque tout d'abord, c'est la maison de la station portant de nombreuses traces de balles. Un peu au-delà est une autre habitation peinte en vert, criblée de boulets.

Magenta ou plutôt Maggenta est une ville de trois à quatre mille âmes, qui ne paraît pas avoir payé trop cher l'honneur d'avoir donné son nom à une victoire qui a décidé du sort de l'Italie, car si nous avions été vaincus à Magenta, il est à croire qu'on ne se serait pas battu à Solferino, et, dans ce cas, tout ce qui pouvait arriver de plus heureux au Piémont était de rester tel, car il courait grand risque de devenir province autrichienne.

Quant à la Lombardie, elle retombait sous sa calotte de plomb, avec un chaînon de plus à sa chaîne, sans compter la corde qui allait recommencer à fonctionner comme l'hygiène ordinaire de toutes les velléités de liberté dont, en différents temps, ont été affligés les sujets de la maison de Hapsbourg.

Un ancien soldat devenu bourgeois de la ville, me reconnaissant pour Français, vient bénévolement se joindre à nous pour me faire les honneurs du pays.

Pendant le combat, il n'a pas quitté sa maison, du grenier de laquelle ses regards embrassaient la campagne. Il me raconte ce que, de là, il a vu, autant qu'on peut voir une bataille quand la poudre a parlé et lorsqu'à la fumée se joint la poussière. Ici la tactique et le génie lui-même jouent leur rôle à tâtons, ou au jugé si vous aimez mieux. S'il y a du bien joué, il y a aussi la part du hasard ou de la grande loterie de l'imprévu, et tel a passé et passe encore pour grand tacticien, qui n'était qu'un joueur heureux.—Ah ! si on lisait dans le cœur des héros, on y verrait d'étranges choses !

Nous voici sur le champ de bataille, au milieu de tombes. En temps de paix, il aurait fallu un siècle pour meubler un tel cimetière. Les monuments y sont tout simples ; ils se composent de mottes de terre superposées et arrondies par la pelle ; les promeneurs, en passant par-dessus pour raccourcir leur chemin, font le reste. La quantité de mûriers et surtout de ceps de vigne qui ont survécu m'étonne toujours. Si le froid eût été vif, il en eût été autrement : le besoin d'alimenter le feu eût beaucoup accru le dégât. Cependant certains champs n'ont pas encore été remis en ordre : la bêche n'y a pas passé ; ils sont comme au lendemain de la bataille, et les chiens et les oiseaux de proie, héritiers du combat, s'y donnent encore rendez-vous.

« Ils s'y sont bien régalés les premiers jours, me disait mon gamin dans son jargon milanais, et ils savaient joliment les déterrer ; mais depuis qu'on y a dit une messe, ils n'y touchent plus, à moins que ce ne soit pas des chrétiens.—Mais qu'est-ce que c'est donc ? lui demanda le vétéran.—Des *Mamaluchi* (Turcs), lui répondit le galopin; ne les a-t-on pas mis tous ensemble? ne les ai-je pas vus, moi?—Ils sont morts pour nous défendre, dit l'ex-militaire; ils sont tous en paradis. » Et il fit le signe de la croix, ce que notre gamin s'empressa d'imiter.

Sa dévotion ne l'empêchait pas de songer à ses intérêts, et il profita de la circonstance pour renouveler sa provision de projectiles, ce qu'il n'eût pu faire s'il n'eût été en ma compagnie : la police locale avait été obligée de mettre ordre à ces recherches des enfants qui, si on les avait laissés faire, eussent imité les chiens et les corbeaux, et fouillé les tombes.

Parmi les balles que je recueillis sur le sol, il y en avait beaucoup de coniques. Les débris d'armes, d'obus et de mitrailles n'y étaient pas encore rares, mais ils ne tarderont pas à le devenir, et il en sera ici comme à Waterloo où il s'en est établi une fabrique qui fonctionne depuis un demi-siècle de manière à contenter tout le monde, et dans un autre demi-siècle, ceux qui feront ce pèlerinage n'en reviendront pas non plus les mains vides. Je me souviens que dans ma jeunesse, visitant, près de Pérouse, le champ de bataille de Trasimène, mon guide m'offrit à acheter des pierres à fusil provenant de cette bataille.

Parmi les balles que j'ai recueillies à Magenta, il en est une que j'ai extraite d'un arbre qui probablement a sauvé la vie à un homme. Si j'avais habité le voisinage, je l'aurais fait transporter dans mon jardin. Les branches de plusieurs de ces arbres, presque tous des mûriers, ont été coupées par les projectiles, comme si un bûcheron y avait passé. Les vignes ne semblent pas avoir beaucoup souffert; partout la verdure resplandit. Le sang humain lui est-il donc si propice? Pourtant que Dieu nous garde de cet engrais, il est trop cher; il y en a d'autres qui coûtent moins.

J'en avais assez de Magenta et de son champ de carnage, je repris la route de Milan. Quand j'y rentrai, il était nuit close. Je descends à l'hôtel Reichmann, nom autrichien et de mauvais augure, car cet hôtel, bien qu'il passe pour le premier de Milan et qu'il l'est peut-être, fut pour moi celui des mille et un guignons. D'abord j'y aperçois encore ces visages que, pour la cinquième fois, je rencontre sur mon passage, l'homme aux moustaches noires et sa fille. Ces visages n'avaient rien qui pût me chagriner, au contraire; mais cette persévérance du hasard commençait à me fatiguer.

La figure tudesque du portier ne contribue pas davantage à m'égayer.

En entrant dans ma chambre, je ne trouve pas de domestique pour fermer une fenêtre. Je veux la fermer moi-même, et je casse un carreau et me fais une coupure à la main.

Ne voyant pas arriver mon bagage, je sonne. On ne vient pas. Je resonne sans plus de succès. Je descends en colère, et j'avais tort : j'avais tiré un cordon qui n'était pas celui de la sonnette.

Je demande ma valise. — On me présente un sac de nuit. — Il est bien à moi; mais la valise, où est-elle? — On ne l'a pas vue; peut-être l'omnibus l'a-t-il emportée. — Si c'est l'omnibus, on la retrouvera, me dit le concierge. — Mais si c'est un voleur? lui demandais-je. — Alors c'est différent. — Vous en avez donc ici? — Pas

mal, me répond-il.—On perd donc parfois son bagage?
—Cela arrive tous les jours. »

La consolation était médiocre. J'attends en bas l'omnibus qui était allé conduire un voyageur.—Il rentre.
—Il n'avait rien.

Voilà ma valise perdue, et moi sans linge, sans habits,
car mon sac de nuit ne portait que mes livres et mes
pantoufles. Ce que je regrette plus encore que mes
nippes, ce sont mes notes. Enfin cette valise contenait
aussi un billet de banque de mille francs, et quelques
centaines de francs en espèces. L'aventure était désagréable, car il ne me restait d'argent qu'à peu près ce
qu'il me fallait pour retourner à Paris.—Que faire?
emprunter?—Je n'aime pas à devoir. Je remonte assez
triste dans mon appartement, et la première chose que
j'y aperçois, c'est cette valise tant cherchée depuis une
heure. Comment était-elle venue là? Probablement
qu'un domestique l'avait déposée dans quelqu'autre
chambre, puis s'étant aperçu de sa méprise, il l'avait
reportée dans la mienne, tandis que le concierge et moi
la cherchions en bas. C'étaient, y compris mes hardes,
deux mille francs au moins que je croyais bien perdus,
et que je venais de gagner.

Cependant l'heure du dîner et même du souper était
passée; je mourais de faim. Le cuisinier n'était plus à
son poste, les fourneaux étaient éteints. Aussi, quand
je demandai qu'on me servît, ma proposition fut-elle
plus que froidement accueillie. Le domestique de salle,
qui s'apprêtait à aller se coucher, me considérait d'un
air de détresse et de surprise qui voulait dire: manger
à cette heure! mais où le trouver ce manger?—Enfin

il se décida à faire une recherche qui eut pour résultat un petit débris de viande froide assez mauvaise et un morceau de fromage de Strachino. J'espérais au moins avoir quelque chose à boire, mais le sommelier était couché, et l'on ne put trouver qu'un reste de bouteille abandonné probablement par un voyageur de qui le départ de l'omnibus avait interrompu le souper.

Le garçon de salle qui me servait se mit, pour se tenir éveillé, à me conter ses aventures. Il avait manqué d'être tué à Paris par la dernière machine infernale, et il l'avait quitté parce que personne n'y voulait plus de domestiques italiens qu'on prenait tous pour des conspirateurs.

Je suis couché dans un lit à l'italienne, c'est-à-dire où les draps et couvertures ne tiennent à rien et sont toujours prêts à tomber à droite ou à gauche. Je passe ma nuit à courir après et à les rattraper quand je puis, de façon que je ne dors guère.

CHAPITRE VIII.

—

Suite de Milan. — Ses bibliothèques.

—

Le 18 septembre, je déjeûne avec un médecin français arrivé la veille, suivi d'une escouade de ses confrères. Après ceux qui brisent, viennent ceux qui raccommodent; malheureusement les morts ne se raccommodent pas, et les vivants pas toujours.

Tous nos docteurs trouveront ici de l'emploi : les blessés français et autres qui sont encore à Milan sont nombreux. Beaucoup repasseront les monts, s'ils les repassent, avec une jambe ou un bras de moins. La médecine militaire va vite en besogne; elle est à la médecine civile ce que les conseils de guerre sont aux tribunaux ordinaires.

Je commence ma promenade par une visite au Dôme. Ses vitraux, sa demi-obscurité en font, à mes yeux, une des plus belles églises de la chrétienté. Un orgue qui se fait entendre en ce moment, instrument excellent, est là bien en harmonie avec la majesté du lieu et aussi avec l'ame et la nature de l'homme : le chant est inné en lui ; il faut l'apprendre à parler, l'y contraindre même, tandis que le plus petit enfant, comme le petit linot, chante avant qu'on l'y invite.

Ceci me ramène à cette question agitée si souvent :

Quelle est la langue première
Qu'ici-bas l'homme parla ?
Jusqu'à ce jour, ce mystère,
Nul ne nous le révéla.
Ce ne fut pas la bretonne,
La picarde ou le lorrain,
Moins encore la gasconne
Ou celle du Limousin.
Ce silence ne m'étonne,
Car si l'histoire ne donne
Aucune preuve du cas,
C'est que notre premier homme,
Celui qui mangea la pomme,
Sans doute ne parla pas.

Voilà sur quoi je me fonde : pour parler, il faut avoir quelqu'un qui vous réponde : or, on sait qu'Adam vécut d'abord seul, et quand Ève parut, elle ne parlait pas plus que lui. La parole est une chose complexe, un savoir acquis et qui ne naît pas avec nous. Si elle était en nous, ou la conséquence de nos organes, tout le monde parlerait la même langue. La parole n'est donc pas dans notre nature ; elle n'en est pas l'œuvre, on nous l'inculque, et nous ne l'obtenons que par l'imitation. Si le sourd de naissance ne parle pas, ce n'est pas faute d'une bouche, d'une langue, d'un palais, puisqu'il les a, mais parce qu'il n'a jamais entendu parler.

Tout tend ainsi à démontrer que le premier homme ne parla pas, car, je le demande encore, à qui aurait-il parlé? S'il essaya de le faire, ce ne fut que lorsqu'Ève parut : encore à quoi bon, si, ne parlant pas elle-même, elle ne pouvait le comprendre? Aussi s'exprima-t-il d'abord par gestes qu'il accompagna peut-être de quelques cris. Ces cris, assez peu agréables, comme on peut en juger par ceux de nos sourds, n'étaient guère propres à plaire à sa compagne. Il le comprit bientôt en entendant les oiseaux déployer leurs plus riches accents pour attirer et retenir la leur : il s'efforça de les imiter.

La première langue de l'homme, tout l'annonce, fut donc le chant, d'où naquit l'art du poète, lequel art n'est qu'un dérivé de celui du musicien : Orphée a précédé Homère.

Cette prose emmiellée que nous appelons poésie et pour laquelle nous tressons des couronnes, ne serait donc de fait qu'une harmonie bâtarde, qu'un chant émasculé qui n'est à la vraie musique, à cette langue primordiale, que ce qu'est le rauque et sourd piaulement d'un chapon à la voix retentissante du coq. Aussi, nous représente-t-on ordinairement les saints et les bienheureux, non pas récitant et moins encore déclamant les louanges du Seigneur, mais les psalmodiant. Les séraphins, les anges, les archanges ne parlent pas non plus : ils chantent. Est-ce le contre-point, la fugue ou le plain-chant? C'est ce que je ne puis vous dire, mais ils donnent à leur voix toute sa sonorité. Nos anges gardiens, dont une des vertus doit être la discrétion, ont seuls le don de la parole et la faculté de nous donner à l'oreille quelques bons conseils que, malheureusement, nous n'écoutons pas, mais que nous écoutons moins encore lorsqu'ils nous les chantent.

> Et de là vient le proverbe
> A l'usage du muguet
> Qui, mangeant son bled en herbe,
> Répond à l'ami discret
> Qui lui dit: garde une gerbe:
> Merci de ton conseil, mais
> C'est comme si tu chantais.

Je me rends chez le consul ou l'envoyé de France, formalité qu'on m'a dit indispensable. L'affabilité n'est pas la vertu de nos représentants français, du moins à l'égard de leurs compatriotes : celui-ci ou l'agent qui le remplaçait ne m'offrit pas même de m'asseoir. Je n'ai jamais été reçu avec ce sans-façon chez les consuls, voire même les ambassadeurs des autres puissances, notamment ceux d'Angleterre, qui sont toujours prêts à accueillir et, au besoin, à défendre l'étranger qui s'adresse à eux. Il serait bon, chez nous, au ministère des affaires étrangères, d'établir une école de civilité : la science du savoir-vivre devrait faire partie de l'éducation de tout diplomate.

En sortant du consulat, je vais au palais de Brera, où est la bibliothèque de *l'Instituto lombardo dei scienzie e arti,* fondée par Napoléon Ier. Le président est le célèbre Manzoni; il est absent. Je lui laisse un mot exprimant mon regret de ne pouvoir lui serrer la main.

Dans le même local est la bibliothèque dite de *Brera,* dont je voulais voir le conservateur, M. Rossi. Le concierge m'indique le chemin de son cabinet. J'ouvre une porte qui, selon moi, devait y conduire, mais elle donne sur une vaste galerie que je pris aussitôt pour la succursale d'une caserne, sauf pourtant l'absence du bruit, car il y régnait un parfait silence. A des tables alignées dans toute sa longueur étaient assis des soldats, notamment des zouaves, non banquetant, mais lisant. C'était dans la bibliothèque et non chez le bibliothécaire que j'étais; je sortis donc, et prenant un corridor que m'indiqua un employé, je trouvai bientôt ce que je cherchais.

Le savant conservateur me reçut en vieil ami. Je lui demandai alors si on avait envoyé chez lui un bataillon en garnison ou si la bibliothèque était devenue un quartier-général.— Non, me dit-il, ce sont mes lecteurs ordinaires, et depuis l'entrée de votre armée à Milan, j'ai eu tous les jours la même affluence. Ne croyez pas que ce sont des romans qu'ils me demandent, non, mais des ouvrages sur la guerre, sur l'histoire, sur les sciences, ou bien des voyages, des revues; et jamais je n'ai eu des visiteurs plus paisibles et plus soigneux : jamais il ne m'a manqué un livre, jamais on n'en a endommagé. Je suis enchanté de vos hommes, et je voudrais toujours en avoir comme ceux-là.— Et des soldats autrichiens, en voyiez-vous souvent? lui demandais-je. — Des officiers, quelquefois; des soldats, jamais.— Le leur avait-on défendu ou était-ce insouciance? C'est ce que le professeur ne put me dire, mais je suis porté à croire qu'il y avait défense. Il est certains gouvernants qui redoutent la science, comme d'autres l'ignorance; ils croient qu'il y a profit à abêtir les hommes.—Oui! à peu près autant qu'il y en aurait à changer les chiens en loups. L'ignorance est plus destructrice que la haine et que le fanatisme même : tous les peuples destructeurs furent des peuples ignorants. On a cru que le défaut d'instruction rendait l'homme plus facile à conduire; c'est le contraire : l'ignorance, mère de l'entêtement, mène à la stupidité que bien des gens aussi ont considérée comme le comble de la perfection.

> Heureux les pauvres d'esprit!
> Dans la Bible on peut le lire.
> S'appuyant sur cet on-dit,
> Maint imbécille s'admire.
> Mais songez-y, honnes gens,
> Comprenez ici le maître :
> Pauvre d'esprit on peut être
> Sans l'être aussi de bon sens.

Notre Seigneur, bien certainement, ne l'entendait qu'ainsi. Il ne pouvait dire à un peuple intelligent, qu'il voulait instruire ou rendre plus intelligent encore : *bouchez-vous les oreilles et restez des ânes si la nature vous a faits tels.* La simplicité d'esprit n'est pas l'absence de l'esprit, ni même sa faiblesse, mais bien sa droiture, comme l'on dit celle du cœur. Ensuite, je conviens que tous les esprits ne sont pas de bon aloi, et j'en connais que le maître ne pouvait souhaiter à ses disciples,

> Car il est, quoi qu'on en dise,
> Certaine sorte d'esprit,
> Soit parlé, soit manuscrit,
> Dix fois pis que la sottise.

En quittant Brera, je vais voir une exposition de peintures qui avait lieu dans le même palais. Comme elle était publique, j'y entrai sans la moindre difficulté ; mais je n'avais pas fait vingt pas que je m'aperçus que j'étais l'objet, de la part des gardiens, d'une attention toute particulière, et d'une attention qui n'avait rien de flatteur. Cette disposition semblait avoir gagné les promeneurs : tous ceux devant lesquels je passais me considéraient avec des yeux étonnés et assez peu bienveillants. Je ne m'expliquais pas le motif de cette animadversion universelle: avais-je été frappé du mauvais œil, ou me prenait-on pour un Croate, cette bête noire des Milanais? Enfin un des gardiens vint à moi d'un air presque comminatoire et me fit un signe qui m'expliqua tout. Le motif de cette colère est que j'avais mon chapeau sur la tête: or, je n'aurais jamais deviné que c'était là mon crime, car une bonne moitié des assistants était coiffée ainsi que moi. Il est vrai que je l'étais en chapeau rond, et que les autres l'étaient en casque, en képi, en schako, en casquette, en bonnet de police. Je m'empressai donc de mettre chapeau bas, mais je regrettais de n'avoir pas un bonnet de coton qui, probablement, ne sortait pas de la catégorie des coiffures licites.

Me voici donc le chapeau à la main et me croyant parfaitement en règle; mais, à mon grand étonnement, l'œil des gardiens ne s'était pas adouci, et je me voyais toujours en butte à des regards hostiles. Pour le coup, je n'y étais plus; je cherchais en vain en quoi je pouvais encore avoir failli. Enfin la chose me fut révélée par un flâneur obligeant: j'avais gardé ma canne. Ici encore j'avais péché par ignorance: personne ne me l'avait demandée en entrant, et tous nos militaires avaient sabre ou épée au côté, armes, je pense, tout aussi offensives qu'une badine. Ce corps du délit déposé à la garde d'un des surveillants, la sérénité revint sur tous les fronts, et je pus enfin circuler sans être honni.

Il n'y avait là que des tableaux nouveaux, dont quelques bons parmi beaucoup de médiocres, ainsi qu'il arrive dans toutes les expositions. Il en était un qui n'était pas un chef-d'œuvre, pourtant que j'aurais acheté volontiers s'il eût été à vendre. Le sujet en était bien simple, il consistait en deux têtes d'ânes. L'inscription portait : *padre e figlio*, le père et le fils ; mais il y avait dans les yeux du père une expression d'amour paternel, et dans ceux de l'ânon quelque chose à la fois de bonasse et de malicieux qui charmaient.

Je vais ensuite, à la bibliothèque ambrosienne, voir l'abbé Gatti, auquel je contai ma mésaventure et l'ennui que m'avaient causé mon chapeau et ma canne. Il me dit que j'aurais évité toutes ces avanies si je m'étais présenté avec une croix ou même un simple ruban. Je m'aperçus alors que j'avais perdu en route celui qui était à ma boutonnière. Je n'aurais jamais cru que l'absence d'un petit bout de soie rouge pût, à ce point, défigurer un homme, et je me promis bien, quand je me promènerais sans ruban, de me promener aussi sans chapeau.

Il me dit que la bibliothèque était, comme celle de Brera, fréquentée par nos soldats, et qu'il n'avait également qu'à s'en louer. Cette bibliothèque ambrosienne est un don de la famille Borromée, l'une des plus illustres et des plus populaires de la Lombardie. On ne pouvait mieux confier la direction de cette belle et riche collection qu'au digne abbé Gatti, aussi savant qu'aimable, et parlant le français comme sa propre langue.

Ces allées et venues commençant à me fatiguer, je prends une voiture qui me mène au château et à la place de ce nom, où est un camp français d'artillerie. Les zouaves sont logés dans le château même. J'y vois encore

les décorations monumentales provisoirement élevées
pour la fête du 15 août.

Après quelques autres courses, je reviens dîner à
l'hôtel. La table est fort bien servie; la société est nombreuse. Ce que je remarque d'abord est un monsieur
accompagné d'un petit chien dont il s'occupe exclusive-
ment et auquel il donne les meilleurs morceaux qu'on
lui sert. Plus loin est une dame ou demoiselle italienne,
fort jolie, qui a pour voisin un officier français qui ne
sait pas un mot d'italien. Elle n'est pas plus forte en
français. La conversation n'en est pas moins animée :
les yeux et les gestes suppléent ici à la parole. Vient
ensuite une sorte de marquis comme il y en a beaucoup
ici; il est habitué du lieu probablement, car les domestiques l'appellent *excellence*. A côté de lui, un Français
aux cheveux crépus, et un autre très-maigre, à figure
méridionale, parlent haut et fort.

A côté de moi est un Parisien de l'espèce qu'on peut
nommer pur-sang, un véritable badaud, naïf et confiant.
Avant dix minutes, je connaissais toutes ses affaires.
D'un âge mûr et touriste comme moi, il venait aussi de
passer le Mont-Cenis. Il logeait à l'hôtel Royal où il
voulait absolument me mener pour y voir, disait-il, une
galerie de tableaux qui contenait des chefs-d'œuvre.
J'aurais volontiers accompagné ce digne homme qui,
sous sa naïveté, ne manquait pas de savoir et d'une
sorte d'esprit très-original, mais j'avais d'autres pro-
jets : je tenais à revoir le théâtre de la Scala.

Je veux y aller à pied, et je trouve moyen de m'é-
garer; enfin je n'y arrive qu'après avoir perdu six fois
mon chemin. Je demande une stalle pour laquelle on

me réclame deux francs soixante-dix centimes. Je
m'attendais à payer plus, je trouve donc ceci très-bon
marché. J'entre et je crois que, selon l'usage, on va,
en échange de mon billet d'entrée, me donner un numéro, mais on me fait signe que c'est inutile, et me
voici dans la salle qui, comme on sait, est vaste et belle.
Je me dirige vers les stalles, mais quand je vais pour
m'y asseoir, on me demande mon billet. Je réponds
qu'on me l'a pris à la porte. Alors on m'explique que
j'ai payé l'entrée de la salle, mais non celle des stalles
et des loges. Ce fut environ trois francs qu'il me fallut
payer encore. A Paris, c'eût été bon marché; en Italie,
c'est fort cher, mais tel est l'usage pour les étrangers :
les habitants, au moyen d'abonnements, paient un prix
minime.

Enfin me voilà placé. Je suis à côté d'un énorme
abbé dont la rotondité remplit, outre sa stalle, un bon
tiers de la mienne, car les stalles ici sont des chaises.
Je suis donc, pour toute la soirée, assis sur une moitié
de chaise, et parfaitement mal à mon aise. Mais ce n'est
pas là le seul désagrément de ma position : mon abbé
prend du tabac, et ceci tous les cinq minutes, se pré-
parant à sa prise en se mouchant à grand bruit, accompagnement qui s'harmonie peu au chant, ce que les
murmures des voisins auraient dû lui apprendre, mais
notre impassible priseur n'a seulement pas l'air de s'en
apercevoir, et son nez comme sa tabatière, qui avaient
aussi leur voix, n'en continuent pas moins leur chant.

On jouait *Rigoletta*, très-beau spectacle, chœur,
danse, etc.; chanteurs passables, mais musique un peu
monotone. L'orchestre est au complet, j'y compte huit

contre-basses. Il ne vaut pas ceux de Paris qui n'ont aujourd'hui de rivaux nulle part. Le chef d'orchestre ramène les retardataires en frappant à grands coups sur un porte-chandelle de fer-blanc, singulier instrument qui n'est pas, je pense, dans la partition, et qu'il aurait dû au moins mettre au diapason. Le ballet est magnifique; bonne musique, belle décoration.

Le théâtre de la Scala doit être au moins d'un tiers plus grand que l'Opéra; j'y compte deux cent quarante-six loges, et le parterre est très-vaste.

Ma journée avait été bien remplie, aussi étais-je las : ce n'est donc pas sans plaisir que je gagne mon lit.

CHAPITRE IX.

—

Solferino. — Retour à Milan. — Le lac Majeur.
Les îles Borromée. — Arona.

—

J'avais vu le champ de bataille de Magenta; il me restait à voir celui de Solferino.

Le 16 septembre, à huit heures du matin, je pars pour Brescia. Nous traversons un pays magnifique, le plus riche de l'Italie peut-être, et où rien n'annonce le voisinage de la guerre.

Nous voici à Bergame, patrie de Bernardo Tasso, père du poëte, et aussi celle d'Arlequin. On y voit la statue du premier qui, certes, le mérite, mais pourquoi n'y voit-on pas celle d'Arlequin? N'est-ce pas aussi une célébrité, et bien autrement populaire que l'auteur de la *Jérusalem délivrée*, car, chez nous, qui connaît le Tasse? Quelques érudits, quelques amateurs de beaux vers. Mais Arlequin, qui ne le connaît pas?

A Brescia, je retrouve mes souvenirs. Peschiera et

le lac de Garda où je me suis baigné plus d'une fois et
dont les poissons me semblaient si bons, surtout quand
je les pêchais moi-même, me rappellent aussi d'autres
temps. J'aimerais à m'y baigner encore, mais là n'est
pas le but de mon voyage : c'est un champ de bataille
que je vais visiter.

Conduit par un guide du pays, et qui fut témoin d'une
partie des faits, je vois à peu près tout ce qu'on pouvait
voir, c'est-à-dire rien de bien attrayant ni surtout
d'insolite. Aussi ne vous y arrêterai-je pas longtemps.
La destruction a la même couleur partout, tous les
champs de bataille se ressemblent; j'en ai vu un certain
nombre. La saison seule en change l'aspect : la mort
sur la neige ou la glace, sur lesquelles le sang conserve
toute sa fraîcheur, a pour les yeux un effet bien plus
terrible, et je ne m'étonne pas que, nonobstant son expérience, Napoléon, à Iéna, n'ait pu réprimer un mouvement d'horreur.

Ici, comme à Magenta, grâce à la saison, à la fertilité
du sol et à une administration active et intelligente, les
traces de la guerre ont presque disparu. Les hommes ont
beau faire, quelle que soit leur rage de destruction, ces
inventions si terribles, la mine, l'artillerie, la vapeur,
ne pourront jamais rivaliser avec les armes de la nature.
Sans effort et comme pour jouer, une vague va soulever
un vaisseau de cent canons et le briser, comme un œuf,
sur la pointe de ce rocher; et la moindre convulsion du
Vésuve ou de l'Etna va faire en un jour plus de ruines
et de cendres que toutes les armées de l'Europe n'en
pourraient produire en dix ans. Si, dans ces mondes
qui roulent dans l'espace et dont la dimension est telle,

que la terre, à côté, n'est qu'une pauvre aérolithe, il
existe des êtres dont la taille est en rapport avec les
globes qu'ils habitent, ces êtres doivent considérer nos
batailles du même œil que nous voyons celles de deux
fourmilières se disputant le même trou.

Je ne sais pas si les fureurs des hommes s'entre-tuant
réjouissent les autres races, mais je fus étonné de la
quantité d'oisillons gazouillant dans ces champs, perchés
sur chacune de ces mottes de terre qui recouvrent un
cadavre. Je crus d'abord que c'était un passage, mais
ce n'était pas la saison, et mon guide me dit que cela
avait commencé dès le surlendemain de la bataille. D'un
autre côté, je vis que les taupes et les mulots s'étaient
mis de la partie. Quant aux larves et aux insectes, ils
y fourmillaient : il semblait que des représentants de
tous les êtres avaient été conviés à ce banquet.

Je n'entrerai pas dans des détails qui ne seraient que
la répétition bien affaiblie de tout ce qu'on a écrit sur
cette bataille et le lieu où elle se donna. Grâce à la
photographie et à nos journaux illustrés, les plans et
les scènes de carnage ne nous ont pas fait faute. La
photographie, entr'autres avantages, a celui de prévenir
beaucoup d'erreurs, et l'on n'aura plus à se disputer
sur le théâtre de ces grandes scènes, comme on le fait
encore pour les batailles de Cannes, de Trasimène, et
sans aller si loin, sur celles de Crécy et d'Azincourt.

Simple touriste et nullement tacticien, je ne sortirai
pas de mon rôle, et si je suis allé sur ces lieux, c'est
pour éviter ce reproche qui n'eût pas manqué de m'accueillir au retour : « Quoi ! vous étiez à Milan, vous
aviez vu Magenta, et vous n'êtes pas allé à Solferino ! »

J'y ai donc été, comme bien d'autres, pour l'acquit de ma conscience.

Conduit par mon cicérone, je pus visiter Lonato, Montechiaro où l'Empereur avait son quartier-général, Castiglione où il le transporta ensuite, et l'esplanade. de laquelle il embrassait et dirigeait la bataille : c'est de là qu'il en suivait toutes les péripéties. Que de battements de cœur n'a-t-il pas dû sentir dans ce lieu même et sur ce sillon qui me porte! Vainqueur ou vaincu, élevé aux nues ou foulé aux pieds, tel est le sort du général. L'histoire est implacable, et la première elle a dit : *væ victis.* Je me mettais à sa place, et mon émotion aussi était vive.

Je visite cette ferme de Casanova, témoin de tant de meurtres, de douleurs et de traits d'héroïsme; Solferino, village ignoré hier, aujourd'hui illustre; Cavriana, où Napoléon entrait quand les colonnes autrichiennes en sortaient; enfin Villafranca, où l'on devrait élever un temple à la Paix.

Les traces de l'artillerie sont ici plus visibles qu'à Magenta : tels édifices sont tout-à-fait percés à jour et arrivés à l'état de dentelle. Mais dans la campagne, la nature commence, sur plusieurs points, à prendre le dessus; elle semble pressée de faire disparaître ces traces de la rage et de la folie des hommes qui, dans toutes les guerres, finissent par où ils auraient dû commencer : *s'entendre.*

De retour à Milan, je me rends au chemin de fer qui conduit vers Côme. J'ai pour compagnons de wagon une femme d'une beauté remarquable, accompagnée par une autre qui n'est ni sa mère, ni sa sœur, ni sa femme de chambre. La dame me fait l'effet d'une héroïne de théâtre, que suit sa confidente. Sur l'autre banc est un homme au nez rouge, dont les doigts sont surchargés de bagues. Ce personnage me paraît aussi appartenir à l'art mimique, mais d'un étage plus bas : ce doit être un entrepreneur de petit spectacle ou le directeur d'une ménagerie ambulante. Il veut entamer la conversation avec la grande dame qui le regarde de sa hauteur, tourne la tête et ne lui répond pas.

A une station avant Côme, je trouve une voiture allant à Varèze. J'y prends place. J'y ai cinq compagnons, tous Italiens et agréables causeurs. Pas un ne sait le français, et c'est avec un vif plaisir que je me remets à l'italien.

La campagne est toujours belle ; des vignes, suspendues en guirlande d'un arbre à l'autre, font un effet charmant. Un château, dont la façade est en partie cachée par des arbres, semble être placé là tout exprès pour devenir le théâtre d'un drame ou le sujet d'un roman. Isolé sur la colline, on n'y entend aucun bruit, on n'y voit pas le moindre signe d'êtres vivants.

Un peu plus loin, nous rencontrons des groupes de femmes et d'enfants qui suivent la route en chantant, et forment ainsi un contraste frappant avec ce que nous venons de quitter. Ils nous saluent, en passant, d'un joyeux *e viva !* auquel répondent mes compagnons. Ce peuple commence à sentir le bien-être de la liberté.

A l'approche d'une colline, mes Italiens descendent de voiture pour marcher quelque peu. Voulant faire comme eux, je m'accroche à une ferrure et je déchire mon pantalon en brisant mon parapluie, meuble indispensable en Italie où il sert contre le soleil aussi bien que contre la pluie. Je n'avais pas l'intention de m'arrêter à Varèze, mais ce petit accident me décide. D'ailleurs, je n'étais pas fâché d'y voir le comte Tullio Dandolo, de qui j'avais si souvent entendu parler par mon frère Jules dont il était l'ami.

Me voici donc installé en un vaste hôtel, l'*albergo del Europa,* ancien palais, comme l'annonce son élégant escalier de pierre où, pour mon début, je manque de me rompre le cou : j'étais dans mon jour de chûtes.

Je change de pantalon, j'envoie raccommoder mon parapluie, et j'écris un mot au comte Dandolo pour lui annoncer ma visite et lui demander son heure. En attendant sa réponse et tandis qu'on prépare mon dîner, je vais voir la ville.

Plusieurs palais, si j'en juge à l'extérieur, doivent être fort beaux. On me dit que j'y serais bien accueilli, mais le temps me manquant et la faim me talonnant, je songe en ce moment plus à la cuisine qu'aux arts. La nécessité de manger est toujours là pour nous arrêter en chemin. Les trois quarts de notre vie appartiennent à la faim ; elle nous prend plus de temps que le sommeil ; enfin, directement ou indirectement, elle influe sur toutes nos pensées et toutes nos actions. Elle fait jusqu'à la conscience : combien de gens, sans que Satan s'en mêlât, ont vendu la leur pour un dîner ?

J'entre dans une église où je remarque une chaire soutenue par les quatre évangélistes, et quelques autres sculptures en bois. J'y vois aussi des fresques et des tableaux qu'on me dit fort beaux, mais que l'obscurité croissante m'empêche de juger.

Les environs de Varèze sont cités pour leur beauté, même en ce pays où la campagne est partout admirable. Des points élevés, on jouit de la vue, non-seulement du lac dont la ville porte le nom, mais du lac Majeur que l'on découvre aussi.

Rentré à l'hôtel, on m'annonce que le comte Dandolo est à Milan. Cela me chagrine, car je me faisais un plaisir de le voir.

Pour fiche de consolation, on vient me dire que le souper est servi. Je n'avais rien pris depuis le matin, et j'acceptai la nouvelle avec une satisfaction non dissimulée. Le menu était digne de mon appétit : des truites du lac, du chamois de la montagne, des légumes et des fruits de ces beaux jardins que j'avais admirés, forment un repas très-confortable, et devaient, avec la bonne mine des hôtes, me laisser de Varèze, malgré mes quasi-accidents, un souvenir agréable.

Le fils de mon hôte, M. Cattaneo, me fait voir la place où l'on avait élevé des barricades lors de l'attaque des Autrichiens. Garibaldi était arrivé le 23 mai 1859, dans la soirée, avec ses chasseurs des Alpes. Dès le 24, les Varéziens, se formant en compagnies de volontaires, s'étaient joints aux soldats du célèbre partisan. Le 25, les Autrichiens attaquent la ville. Y trouvant une résistance qu'ils n'attendaient pas, ils se retirent, mais reviennent bientôt avec de l'artillerie. C'est ce qui manquait aux Varéziens, et la ville était en grand danger, quand Garibaldi, sortant, sans être aperçu, avec une troupe d'élite, alla prendre à revers les assiégeants qui, ainsi placés entre deux feux, battirent en retraite en abandonnant une partie de leurs canons.

Le lendemain, de bonne heure, je quitte Varèze et l'hôtel de l'Europe, beau et bon logis, et je me dirige sur Laveno. Les environs de Varèze sont délicieux ; rien n'annonce que la guerre y a passé, ce qui fait honneur aux soldats garibaldiens : les *condottieri* d'autrefois ne laissaient pas si tôt oublier leur passage.

Des villas jaunes ou rouges, avec de beaux jardins, égaient partout la campagne. Une montagne, qu'une nue coupe en deux d'une manière très-pittoresque, forme le fond du tableau. Sur *des points plus rappro-chés sont des villages*. Tout ici annonce l'abondance, nulle part je ne rencontre de mendiants. Les habitations se succèdent. Devant nous sont *les montagnes* ; à gauche est le lac Majeur que nous continuons à suivre. La vue est toujours admirable.

J'ai pour voisine, dans le coupé de la voiture, une très-jolie femme avec laquelle babille un abbé. Ces abbés musqués et coquets, en culottes, bas de soie et chapeaux à ailes, sont ici partout. Ne se refusant jamais à la conversation qu'ils entament presque toujours les premiers, ils sont ordinairement aimables et de bonne compagnie, et je ne suis jamais fâché d'en rencontrer.

Les montagnes qui entourent le lac, dont quelques-unes, dit-on, s'élèvent à deux mille mètres au-dessus de sa surface, lui donnent de ce côté quelque chose de sévère. Le lac Majeur est à peu près de deux cents mètres au-dessus du niveau de la mer ; sa longueur est de quarante-sept milles (quinze lieues), et sa largeur de huit milles.

Il est peu de champs où nous ne voyions des mûriers et d'autres arbres fruitiers.

A Laveno, je prends un bateau et quatre rameurs pour aller aux îles. Non loin de Laveno, on me montre un fort qu'a défendu Garibaldi; il y a encore de ses soldats. Entre Laveno et Intra, on me fait remarquer deux autres fortins. Nous avons à droite la Lombardie que domine le Saint-Gothard; le Simplon est devant nous, ainsi que le Mont-Rosa : c'est un spectacle grandiose.

Un des mariniers qui me conduisent a été témoin et même acteur dans les derniers combats de Garibaldi; il m'indique leur position et les forts qu'ils défendaient.

Devant nous sont les îles Borromée qui font la gloire du lac : l'*isola Bella*, l'*isola Madre*, l'*isola dei Pescatori*, l'*isola San Giovanni*. Elles sont placées entre Stresa et Pallanza, à l'entrée d'une baie. Au fond, à gauche, est Arona.

A gauche, une maison blanche, entourée de verdure, tranche sur le noir de la montagne que domine le Mont-Rosa. De la côte, on aperçoit aussi un village d'où part la route du Simplon.

J'aborde à l'isola Bella. Il n'est que deux heures, j'ai le temps de la visiter, ainsi que les deux îles voisines. La description en a été si souvent faite que je crois inutile de la recommencer. L'isola Bella est l'habitation d'été de la noble famille des Borromée. Leur magnifique domaine est toujours ouvert aux étrangers. Il faudrait des semaines pour voir en détail toutes les richesses artistiques en tableaux, en statues, etc., qui s'y trouvent réunies. Il y a aussi une belle collection de fossiles, mais je l'ignorais et ne l'ai pas vue.

Les jardins qui entourent l'habitation et celui qu'on

a établi dans l'île voisine ne sont pas moins remarquables. Des arbres et des plantes qui ne viennent que dans les latitudes les plus chaudes y réussissent en pleine terre. Comment expliquer ceci quand ils ne peuvent pousser nulle part en Italie, sauf à Naples ou en Sicile? Quelque courant d'eau chaude vient sans doute aboutir à ces îles, ou bien leur situation les garantit des vents froids.

La vue dont on jouit de ce lieu, notamment de la terrasse du castello Borromeo, est probablement l'une des plus belles de l'Europe, car l'œil découvre ici la cime et les flancs de ses plus hautes montagnes.

Dans un des jardins de l'isola Bella, mon conducteur me fait remarquer un laurier sur lequel Bonaparte, logé dans le palais, écrivit son nom quelques jours avant la bataille de Marengo.

Cette visite des îles et du château m'occupa jusqu'à la nuit. J'avais l'intention de présenter mes hommages aux maîtres, mais c'était l'heure de leur dîner : je me bornai, en partant, à laisser ma carte avec un remercîment.

Il existe à l'isola Bella un bon hôtel, *il Delphino*. J'y avais, en arrivant, déposé mon bagage pour y passer la nuit et prendre le jour suivant, à sept heures, le bateau allant à Arona. On me sert un très-bon souper en gibier et poisson du lac.

Le lendemain, un canot me conduit à bord du vapeur. Un personnage aux manières distinguées y arrivait en même temps que moi; chacun s'empressait de lui faire politesse, et le capitaine du vapeur me dit que c'était le comte Gilbert Borromeo, l'aîné de la famille. J'allai le saluer en m'excusant de n'avoir pas été lui faire

visite. Il me témoigna son regret de ce que je n'étais pas
venu demander au château une hospitalité que sa famille aurait été heureuse de me donner : la connaissance
fut donc bientôt faite. Le comte d'Arona, car c'est sous
ce nom qu'il est également connu, est aussi aimable que
savant, et je pus, durant les instants trop courts que je
passai avec lui, apprécier tout ce qu'il vaut.

Il aurait voulu me faire les honneurs d'Arona dont
le monument est célèbre, mais une affaire l'appelait
d'un autre côté : nous nous quittâmes donc en nous
donnant rendez-vous à Abbeville.

Me voici à Arona, patrie de saint Charles Borromée.
Ma première visite est à sa statue érigée en 1697 ; elle
a soixante-deux pieds de hauteur, sans compter son
piédestal qui en a trente-sept. La tête a vingt-deux
pieds de circonférence, l'on peut s'asseoir dans son nez,
ce que je n'ai pas manqué de faire, me promettant bien
de ne plus recommencer, car cette ascension n'est rien
moins que commode.

Je vais ensuite voir son église, et sa croix pastorale
dans laquelle est renfermé un morceau de la vraie croix.

Mon conducteur m'assure que, le 23 mai, les boulets
des canons d'un vapeur autrichien et ceux des forts de
Laveno venaient tomber à Arona. Est-ce vrai ?

Je déjeûne à Arona, à un hôtel nommé, je crois,
l'hôtel Royal. On me sert, entr'autres choses, de ce
poisson du lac, célèbre dans la cuisine lombarde, et du
strachino (fromage) qui ne l'est pas moins, le tout arrosé
de vin d'Asti qui vaut mieux que son accompagnement
obligé, le biscuit de Reims, sorte de calamité qui suit
le voyageur dans tous les pays où il existe des hôtels.

J'en ai trouvé jusqu'en Asie. Ce n'est pas sa bonté qui le fait ainsi circuler dans tout le monde, c'est son immortalité. Frais, il est bon, mais cette première fraîcheur une fois passée, il ne change plus, il se fossilise, disons plus, il s'éternise : qu'il ait un an ou qu'il en ait vingt, il reste absolument le même. Il en est qui ont fait trois fois le tour du monde, et qui font en quelque sorte partie de l'ameublement ou du matériel du navire. Dans cet état, ils n'ont d'autres êtres vivants à redouter que les rats dont les dents sont assez dures pour les entamer.

A midi, un bateau qui part de Sesto pour faire le tour du lac, m'emmène d'Arona avec une grosse dame vêtue fort coquettement en soie gris de perle.

A la station de Belgerato, nous arrivent quelques nouveaux voyageurs. Ces promenades côtières, de station en station, ont, quand on n'est pas pressé et qu'il fait beau, un charme infini : d'instant en instant, on a un nouveau point de vue et de nouvelles figures.

Nous repassons devant l'isola Bella; je reconnais la fenêtre de la chambre où j'ai couché et dans laquelle je crois me voir encore.

Nous arrivons à l'île des Pêcheurs *(dei Pescatori)*, où dix bateaux sont amarrés. J'ai le temps d'y faire une promenade.

Ces îles, qui n'étaient que des rochers incultes, ont, au moyen de terres rapportées, été rendues fertiles par les Borromée, notamment au xviie siècle, par le prince Vitaliano Borromeo, qui les a faites ce qu'elles sont aujourd'hui. Toutes, ou la plupart, appartiennent à cette famille depuis un temps immémorial. Charles Borromée, devenu cardinal et archevêque de Milan, puis saint, né en 1538 à Arona, mort en 1584, était neveu du pape Pie IV ; il n'avait que vingt-quatre ans quand il fut revêtu de la pourpre. Ce fut un autre cardinal de ce nom, et cousin de celui-ci, qui fonda la bibliothèque ambrosienne de Milan.

Vers une heure, nous sommes à la station où l'on trouve la diligence du Simplon. Je remarque ici des individus en costume bizarre et munis de longs bâtons ferrés ; on me dit que ce sont des touristes allemands qui vont à pied traverser les Alpes. C'est sur ce point que commence ou finit la route du Simplon, dont l'un des auteurs est M. Polonceau, mon parent et ami, depuis ingénieur en chef à Versailles et auteur de travaux qui ont illustré son nom.

Deux grands bateaux accolés voyagent de conserve à l'aide de leur voile, carré long, placée à l'avant. Ces bateaux rappellent les pirogues doubles ou de guerre des Océaniens.

A deux heures, nous sommes en face d'un village placé au pied d'un éboulement. Je remarque, sur la rive, un enfant qu'on vient de raser, car je vois à ses pieds une masse de cheveux et le barbier tenant encore son rasoir. Je me demande si, dans ce pays, on tond les gamins comme ailleurs les moutons. Celui-ci paraît très-heureux de l'opération qu'on vient de lui faire ; il rit, il chante, il gambade et nous fait la grimace : c'est d'ailleurs un fort bel enfant.

Bientôt nous découvrons Pallanza, beau bourg dont on cite l'église que nous n'avons pas le temps de voir.

Nous avons ici une véritable apparition : c'est un canot aussi élégant que léger, dont je lis le nom, *la*

Sylphide. Il est manœuvré par trois jeunes filles, dont deux rament, tandis que la troisième tient la barre du gouvernail. On reconnaît, à leur ressemblance et à la parité de leur costume, que ce sont trois sœurs. La plus âgée paraît à peine avoir vingt ans. A la facilité avec laquelle elles manœuvrent leur embarcation autour de notre vapeur, on voit qu'elles en ont l'habitude. L'élégance de leur mise annonce qu'elles appartiennent à quelque riche famille. Sont-ce des Anglaises ou des Italiennes? A leur chevelure d'ébène, à leur pâle visage où resplendissent de beaux yeux noirs, je crois reconnaître des Italiennes. Elles sont vêtues de blanc, coiffées de chapeaux de feutre ronds et plats, ornés d'une plume et d'un ruban noirs. Il est impossible de rien voir de plus charmant que ce trio ramant. Leur famille habite sans doute une de ces jolies villas qui entourent Pallanza, et dont on apercoit les beaux jardins. Mais la vapeur, qui recommence à ronfler, nous éloigne de ces belles naïades sur le compte desquelles je ne puis vous en apprendre davantage.

CHAPITRE X.

—

**Route des îles Borromée au Saint-Gothard.
Passage du mont.**

—

Je suis longtemps des yeux la jolie nacelle. Nous voilà côtoyant l'île San Giovanni, l'une des Borromées, qu'on nomme aussi Isolino. De ce point, le lac se montre dans toute sa beauté.

Le temps, qui était beau, commence à se gâter. Le vent fraîchit, on est obligé d'abattre la tente, car il ne faut pas croire que les montagnes qui nous entourent sont une garantie contre la bourrasque; non, le lac a aussi ses tempêtes.

Ici, ses bords sont moins riants; nous reprenons le large. Le vent augmente. Les dames se réfugient dans le salon. Je me mets à l'abri contre une cabine, et je puis ainsi, sans avoir trop à disputer mon chapeau au vent, continuer à voir le pays.

Un canot se détache de la rive pour nous amener des

dames. J'admire leur courage, car la houle est très-forte, et je ne sais comment elles pourront accoster notre vapeur. En effet, en abordant, le canot manqua chavirer. Ce ne fut qu'un cri sur notre bord, on crut les pauvres passagères perdues; mais la barque se releva, et l'on en fut quitte pour la peur.

Il est trois heures. Nous sommes à la station de Canero : c'est un gros bourg en terrasses superposées ressemblant à un escalier gigantesque dont la première marche est formée d'arcades qui reposent dans l'eau. D'autres terrasses en jardins s'élèvent dans la montagne presqu'à pic ; on aperçoit sur ses flancs des maisonnettes isolées ou groupées en hameaux, mais point d'habitations de luxe.

Vient ensuite Canobio, dont on vante l'église ornée de fresques et de quelques bonnes peintures. On dit que le plan de l'édifice est du Bramante. Une allée de seize beaux châtaigniers bien taillés, se dessinant sur la montagne, forme le fond du tableau. Plus près, en face de nous, le mont, devenu agreste, n'est couvert que de buissons.

Nous avons le vent debout, et notre vapeur, bateau de deux à trois cents tonneaux, tangue assez fort pour qu'on ait de la peine à se tenir sur le pont. Les dames ont peur et sont malades. Ce n'est pas encore une tempête, mais nous y marchons ; les vagues sont aussi fortes que dans une mer moyennement agitée. Un bateau, qui veut nous accoster, manque encore de chavirer. Il est contraint de retourner à la rive sans avoir pu réussir à mettre à notre bord ce qu'il apportait.

Nous voici à Laveno, où part une diligence pour

l'intérieur. Sur la hauteur, on aperçoit une belle villa dont le propriétaire se nomme, me dit le capitaine, *il signor Nicolo.*

Le lac se resserre beaucoup, ses bords deviennent tristes et sauvages. Nous sommes dans un cercle de montagnes où se montrent, de loin à loin, des maisonnettes isolées. Ces montagnes, d'une verdure noire et couvertes de buissons, semblent incultes.

A gauche est un mont au sommet abrupte. A mi-côte est un hameau de trente à quarante jolies maisons. Puis vient la station de Brisago, village que dominent deux montagnes, dont l'une paraît verte et l'autre noire, peut-être par un effet de lumière, mais l'ensemble n'en est pas moins pittoresque. Sur la rive, je vois des saules et quelques mûriers.

Les bateaux ont ici, pour gouvernail, une rame de dix à douze mètres de long. Une de ces rames, par la maladresse du pilote, se fourre sous un canot et le fait presque sombrer. Véritables marins d'eau douce, les matelots de ce pays ne sont pas les premiers du monde, et je m'étonne qu'il n'y arrive pas plus d'accidents.

Station de Locarno, ville du canton du Tessin; elle a trois églises et son petit port.

Nous passons, mais pour y revenir bientôt, devant Magadino, à l'embouchure du Tessin. Un passager nous dit que Magadino, par l'interposition d'une des deux montagnes qui le dominent, est privé de soleil pendant trois mois de l'année. Je ne sais si nous sommes dans ces mois néfastes, mais sans qu'il y ait un nuage au ciel, je vois l'ombre me gagner. Si cette éclipse des rayons solaires ne dure que trois mois, on n'a pas ici trop à se plaindre, car je connais plus d'un pays qui, sans montagnes, en sont privés pendant dix mois sur douze, par suite des brouillards, de la pluie et des usines à vapeur.

Devant nous est Arcona qui, avec Locarno et Magadino, couronne le fond du lac. Là, le soleil vient me retrouver; il a pu passer entre les deux montagnes. L'eau, en cet endroit, est bien moins agitée. Un beau soleil couchant éclaire au loin la surface du lac où j'aperçois deux steamers et deux bâtiments à voiles se détachant, eux aussi, sur cette nappe dorée. Les spectacles humains, les illuminations fastueuses où notre orgueil jette des millions, ne sont que des jeux d'enfants comparativement à ce simple effet de la nature.

Revenus à Magadino, nous entrons dans son port. De là encore, on a une des plus belles vues du lac.

Il est cinq heures trois quarts, tous les passagers ont successivement quitté le bord, je n'ai qu'à en faire autant. C'est ici que le bâtiment s'arrête, sa tâche est finie. Je loue une calèche pour gagner Bellinzona. Je n'y suis pas plutôt installé qu'on vient me prier de prendre une personne qui n'a pu trouver de voiture. J'allais refuser net, quand une petite dame toute leste et toute proprette, sans me demander la permission, vient s'installer à côté de moi. Le moyen de la pousser dehors! Je fis contre fortune bon cœur, et je gardai la petite dame qui ne parlait ni français, ni anglais, ni italien, de sorte que notre conversation ne pouvait être fort animée. La nuit approchant, je vis qu'elle s'arrangeait pour dormir, et je m'apprêtais à en faire autant lorsqu'un homme qui nous attendait sur la route, criant

au cocher d'arrêter, demanda aussi la permission de
monter. Et de deux, et je ne doutai pas qu'il ne fût de
la connaissance de la dame et que cette rencontre ne fût
arrangée d'avance, bref, qu'il n'y eût rendez-vous donné,

> Et qu'heureux dépositaire
> De quelque secret de cœur,
> J'allais, du dieu de Cythère,
> Être collaborateur :
> Fonctions qu'honorait Rome ;
> Mais autre temps, autres soins,
> Et qu'avec ou sans diplôme
> Aujourd'hui l'on prise moins.

Mais, nouvelle preuve qu'on ne doit pas faire de jugement téméraire, ici les apparences étaient trompeuses :
ma voisine ne connaissait pas le survenant, et me poussait du pied et du coude pour me dissuader de le
recevoir dans la voiture. C'eût été difficile en effet, car
elle était assez étroite, et la petite dame était fort gras-
sette et sa crinoline des plus amples.

Le survenant était bien mis, il n'avait pas mauvaise
mine et paraissait très-désireux de partir. Malgré les
coups de coude de la dame qui redoublaient, je ne voulus
pas le repousser, et je lui dis de s'arranger avec le cocher. Ils échangèrent quelques mots et, bientôt d'accord,
il put se placer sur le siége.

La crinoline était sauve, mais ma compagne n'en était
pas plus rassurée : elle secouait la tête pour me faire
comprendre que je commettais une imprudence. Son
envie de dormir était passée, et à chaque mouvement
du survenant qu'elle prenait évidemment pour un voleur, elle se serrait contre moi.

Sa peur n'était pas plus fondée que mon premier

soupçon, car à huit heures et demie, étant arrivés à Bellinzona, cet homme vint me remercier, et, en me serrant chaleureusement la main, il me dit en fort bon français, bien qu'avec un accent étranger, que je lui avais rendu un service qu'il n'oublierait jamais, et, sans se montrer dans l'hôtel, il disparut dans la montagne. J'ai pensé que c'était quelque réfugié politique. Je demandai au cocher s'il le connaissait; il me dit non.

En tout pays, le premier soin d'un voyageur qui n'a pas dîné est de songer à souper : telle était donc aussi ma préoccupation, car j'avais faim et soif. Ce qui me frappa d'abord furent ces mots écrits en français : *vin de Bellinzona exquis.* Je m'empresse de demander, avec le souper, *un flacon de ce nectar,* qu'on me débouche en grande cérémonie et comme s'il se fût agi du joannisberg ou du vin de Constance. Je croyais y voir quelque teinte dorée, mais rien moins : une couleur rouge de sang ne me prévint pas en sa faveur, et dès la première gorgée, il me parut médiocre. Je pensais qu'en mangeant il me semblerait meilleur, et j'attaquai un plat de petites truites qui sont ici la providence des aubergistes, mais non toujours des voyageurs, car on finit par se dégoûter de tout, même des truites, et celles-ci n'étaient pas fraîches. Le reste était à l'avenant. Quant au vin exquis, au deuxième verre je le trouvai détestable, et je ne pus le boire qu'à force d'eau.

L'hôte me dit que le bateau *le Saint-Gothard,* par lequel je suis venu, est de la force de trois cent quatre chevaux et peut porter jusqu'à cinq cents tonneaux. Il me dit aussi que Bellinzona est le pays des vents, néanmoins que la chaleur y était montée cette année à trente-cinq degrés Réaumur.

Bellinzona, que traverse le Tessin, fait partie de la Suisse. Trois forts en défendent l'entrée, mais .deux sont en ruine. On vante sa cathédrale que je n'ai pu voir. Sa population est de deux mille habitants.

Après souper, je veux prendre quelque chose dans mon sac de nuit, mais on me présente des bagages qui, ne sont pas les miens. On cherche; on n'en trouve pas d'autres. Enfin, on me dit qu'ils peuvent être à la poste. J'y cours, et après bien des recherches, je les découvre à onze heures et demie du soir. J'ai bien souvent envié le sort de ceux qui voyagent leur sac sur le dos. Quoique j'aie réduit mes bagages au strict nécessaire, c'est-à-dire à une valise et un sac de nuit, le tout ne pesant ensemble que trente kilogrammes, le transport de ce mince équipage m'a parfois donné plus d'embarras que celui de ma personne, et pas beaucoup moins qu'un domestique auquel j'ai fini par renoncer, certain d'en trouver partout. Quant au linge et aux habits, c'est différent; c'est choses indispensables. Heureux les animaux, eux seuls connaissent la véritable indépendance!

Il s'agit maintenant de traverser le Saint-Gothard. A minuit, je prends place dans le coupé d'une diligence où je suis fort bien pour voir le pays quand il fera clair, mais la nuit est très-belle, et je compte encore sur la lune. J'ai pour compagnons deux Alsasiens qui ont souvent parcouru cette route et qui me font les honneurs du pays en m'indiquant les points les plus remarquables.

Ce passage est trop connu pour que j'entre dans des détails qui ne pourraient être que des redites. Je comprends d'ailleurs l'affection qu'ont les touristes pour ces voyages de montagnes. J'avais plusieurs fois visité l'Italie, je connaissais bien l'Apennin, j'avais franchi les Pyrénées, mais étant toujours arrivé par mer dans la péninsule, je n'avais vu les Alpes que de loin avant d'avoir traversé le Mont-Cenis. Je l'avais fort admiré, mais j'admirai plus encore le Saint-Gothard. La nuit, quand elle est claire, embellit les monuments et les montagnes : elle semble en doubler le grandiose.

Peu après Bellinzona, on commence à monter ; on a passé la Moesa sur un pont de pierre. Ici la montagne est fertile. Les villages qu'on traverse ou qu'on côtoie sont : Claro, Cresciano, et Biasca, bourg connu par ses crétins. On rencontre alternativement des vallées et des monts. Poleggio est au centre de quatre vallées. C'est à Bodio qu'est la poste.

Les noms nous annoncent qu'on n'est pas sorti de la Suisse italienne. Voici Giornico dont on cite les anti-quités ; les cascades de la Barolgia et de Cramosina en sont peu éloignées.

Avant Lavorgo, on trouve un pays très-tourmenté par suite, dit-on, des ravages d'une inondation et de la chûte d'une montagne. Les montagnes aussi vieillissent, et les mondes, les soleils même, auront leurs jours de décrépitude.

Non loin de là est un autre village avec son couvent de capucins ; j'y vois aussi de beaux châtaigniers et une cascade. Le Tessin présente encore plusieurs chûtes ; des rochers à pic, à travers lesquels il s'est fait un lit et se précipite, sont d'un effet magnifique dont on peut jouir du point où nous sommes. Cette route est soutenue par des arcades et par plusieurs ponts sur lesquels on traverse cette même rivière qui n'est là qu'une suite de sauts dont les cascatelles de Tivoli sont les miniatures. C'est par-là que se déversa l'eau qui amena la terrible inondation de 1834.

Un de nos Alsaciens, qui paraît être grand ami des poissons, s'inquiète beaucoup de ce qu'ils deviennent en roulant avec ces eaux tombant à pic de rocher en rocher. En effet, je ne m'explique pas comment il n'y sont pas tués cent fois, et pourtant il n'en est pas ainsi, puisqu'il est certain que les truites arrivent en très-bonne santé dans le lac Majeur et qu'on n'en rencontre pas d'invalides.

> Il est une providence,
> Nous disent les bonnes gens,
> Pour l'Ivrogne et les enfants :
> Où le bon sens fait vacance;
> Le sort fait tourner la chance
> Au profit des imprudents.
> Mais l'animal plus m'étonne,
> Domestique ou bocager,
> Lorsqu'au nez de qui raisonne,
> Sans aide que sa personne,
> Il se tire du danger.
> Aussi point de cul-de-jatte
> Chez nos chiens ni chez nos chats.
> A l'appât, au piége, au lacs
> Où l'homme laisse sa patte,
> La bête ne se prend pas.
> Enfin sur toute la terre
> Je regarde et je ne vois
> Ni poisson aux yeux de verre
> Ni d'âne aux jambes de bois.

Le val de Levantina, que nous traversons, se compose de plusieurs vallées, notamment celles de Bedretto et du Tessin. Nous apercevons plusieurs bourgs ou villages qui doivent être ceux de Quinto, Rodio, Ambri-sopra, Piota, et la cascade de Calcaccia. L'un des Alsaciens me montre un défilé où les Français se sont battus, en 1799, contre les soldats de Souwarow.

Nous entrons à Airolo où est la poste; c'est un bourg de seize cents âmes, placé sur le revers méridional du Saint-Gothard, à douze cents mètres de hauteur. Là encore, nous sommes au bord du Tessin que nous n'avons presque pas quitté depuis le lac Majeur.

Après Airolo, nous passons plusieurs ponts sur le Tessin. Ici encore, il y a eu une rencontre entre les Français et les Russes. On prétend que Souwarow, voyant ses soldats reculer, fit creuser une fosse et s'y étendit en disant qu'il voulait mourir là. Les Russes alors s'arrêtèrent, et les Français furent repoussés.

La route nouvelle, faite en zigzag et par une suite de terrasses, est bonne et sûre. Il n'en était pas ainsi de l'ancienne; elle avait une célébrité redoutable acquise par des accidents nombreux et terribles. Cette gorge se nomme *val Tremola*. Le Tessin s'y précipite en une belle chûte, mais il ne faut pas s'y arrêter trop, car les avalanches n'y sont pas rares, et durant l'hiver la circulation y est souvent interrompue.

Maintenant nous nous dirigeons vers l'hospice. Un peu avant d'y arriver, la roue de notre voiture monte sur une pierre, verse à moitié, et nous manquons de rouler dans l'abîme.

L'hospice reçoit environ quatre mille voyageurs par an. A peu de distance est une auberge nouvellement bâtie, et à côté un lac. La neige couvre les environs.

Nous sommes à une hauteur de deux mille deux cent trente-deux mètres; des cimes plus élevées nous entourent.

J'ai, dans la montée, quitté plusieurs fois la voiture pour mieux voir. Je suis très-fatigué, il me semble qu'un bain me reposerait, et la fantaisie me prend, tandis qu'on faisait souffler les chevaux, de me baigner dans ce lac. A peine résolu, aussitôt exécuté. L'eau n'était pas chaude tant s'en faut, mais n'étant pas gelée, elle était certainement au-dessus de zéro. A peine y étais-je, qu'aperçu par un domestique de l'hôtel, il accourut pour me dire que cette eau allait me rendre perclus. Je n'en croyais rien, car j'avais affronté de l'eau plus froide et mêlée de glaçons sans en éprouver le moindre inconvénient. Mais le bruit du fouet du postillon annonçant que la voiture allait partir était un avis plus inquiétant, et je me hâtai de me rhabiller, non complètement reposé, mais, comme je m'y attendais, réveillé et me sentant de grand appétit : aussi j'apprends avec peine que ce n'est qu'à Andermatt que nous devons dîner. Au surplus, je ne suis pas le premier qui me sois baigné dans ce lac; le postillon me dit que l'année précédente un monsieur qu'on disait docteur y avait fait la même chose, qu'il y était même venu exprès.

Qui sait si ce n'était pas dans l'intention d'y fonder un établissement hydrothérapeutique. L'idée n'était pas mauvaise, et si l'on y eût donné suite, les bains du Saint-Gothard remplaceraient probablement aujourd'hui ceux d'Aix; et le rhumatisme et la goutte, qui ont résisté à la vapeur et aux douches brûlantes, disparaîtraient peut-être dans la neige fondue. |

J'indiquerai même un perfectionnement qui pourra séduire nos femmes à la mode : ce serait de tailler des baignoires en pleine glace. Alors elles pourraient reposer, nager même dans une piscine ayant l'éclat du diamant ou du cristal de roche, et sans y grelotter. Quiconque a parcouru les glaciers par un soleil d'été, sait que la température y est fort douce, parfois même un peu trop : j'y ai, pour mon compte, reçu autrefois un coup de soleil qui m'a, pendant quinze jours, rendu rouge comme une écrevisse.

Nous commençons à descendre en zigzag par une gorge d'aspect sinistre, et nous gagnons Hospital, nommé ainsi, soit par le voisinage d'un ancien hospice qui n'existe plus, soit par celui d'une famille du nom d'*Hospenthale* qui vivait aux environs.

Quoique la distance ne soit pas grande, l'attente du déjeûner me fit paraître la route longue. Quand la faim vient, la curiosité s'en va : on n'a d'yeux que pour ce qui se mange. Au total, je n'avais gagné à mon bain alpin que la fringale et d'avoir fait croire à mes Alsaciens que j'étais fou, idée qui ne les a plus quittés le reste de la route.

Nous voici enfin à Andermatt, position dominée partout par les montagnes, et des plus pittoresques. On n'y compte que six cents habitants, mais quelques jolies maisons lui donnent l'aspect d'une petite ville. On nous y sert un fort bon dîner auquel je fais honneur, et ma fatigue se dissipe. J'avais véritablement souffert de la faim.

La conversation roula sur ce que nous venions de voir. Ce passage du Saint-Gothard est vraiment des plus curieux ; ces cascades, ces pics, cette neige tran-

chant sur une verdure qu'elle fait paraître noire, des
rocs percés ou superposés à travers lesquels on voit le
jour, de petits lacs trop froids, dit-on, pour que le
poisson y vive, ce dont je doute, forment un ensemble
à la fois étrange et grandiose : c'est un chaos élégant,
un chaos de luxe et tel qu'on a dû en voir dans quelque
partie du paradis terrestre qui n'avait pas, que je sache,
la régularité des jardins de Lenôtre, mais dont pourtant
je ne conteste pas le mérite. Enfin, dans ce parcours des
Alpes, on se croirait dans un autre monde, et parfois
dans ce qui n'est pas encore le monde. Mais à tout
instant la situation change, et lorsqu'on est presqu'effrayé et qu'on se croit aux portes de l'enfer, tout d'un
coup on se trouve dans une vallée charmante qui, au
printemps, doit être un Eden, un paradis de fleurs.

Ces jolis vallons deviennent aussi des points dangereux pour les touristes qui s'écartent des voies tracées,
et que le mauvais temps y surprend. De trop nombreuses
croix y annoncent des accidents ; néanmoins ils sont,
comme je l'ai dit, beaucoup plus rares pour les voitures
qu'ils ne l'étaient autrefois. L'amélioration de la route,
ainsi que les soins de l'administration pourvue de bons
chevaux et de postillons adroits et point ivrognes, ont
amené ces heureux résultats.

L'heure du départ est arrivée. Nous voici de nouveau
en voiture, admirant un spectacle étrange que j'aurais
pris pour un mirage, mais qui était produit par un
nuage coupant horizontalement une montagne dont on
découvrait le sommet couvert d'arbres, tandis que sa
base avait disparu, ce qui nous montrait un jardin posé
sur la nue.

Nous continuons à descendre par une route soutenue par des terrasses et en zigzag, qui nous conduit à Teufelsbruck (pont du diable), position célèbre et qu'on admire encore pour sa hardiesse, mais qui pourtant a perdu beaucoup de sa célébrité depuis l'exécution de la nouvelle route, et surtout de nos chemins de fer qui présentent des travaux bien autrement étonnants. Si le Teufelsbruck est l'ouvrage du diable, ceux-ci le sont de Dieu qui a dirigé la main de nos ingénieurs.

Plus loin, on rencontre un autre pont, et une belle chûte formée par la Reuss.

Le démon paraît d'ailleurs avoir joué un grand rôle dans ce pays et en avoir été le marquis de Carabas, car le pont seul ne porte pas son nom : il y a aussi le Teufelsberg (montagne du diable) ; et plus loin, avant d'entrer dans la vallée de Gœschenen, le Teufelstein (rocher du diable).

C'est en traversant ou côtoyant toutes ces diableries que nous arrivons à Wasen, bourg de treize cents habitants, près duquel est le plus dangereux de ces traquenards de l'esprit du mal, le mont Diedenberg, très-sujet aux avalanches.

Nous passons encore un pont. Le diable n'est pour rien dans celui-ci. Il est construit dans toutes les règles de l'art humain, et il n'en est pas plus mal : décidément le démon baisse.

Le chemin nous conduit à Psaffensprung (saut du moine), lieu qu'on nomme ainsi parce qu'un moine qui se sauvait en enlevant une jeune fille le sauta avec sa proie. Il fallait que la demoiselle fût bien légère ou que le moine eût de bons jarrets, car la Reuss, à cette place,

a une certaine largeur. Pour que les bons frères ne
s'exposassent plus ainsi à se noyer, on a, depuis, construit un beau pont. La légende ne dit pas si ce fut
encore le diable, ce premier-né des ingénieurs suisses,
qui en fit les frais. S'il y a mis la main, n'y passez pas
trop souvent.

> Pour faire œuvre utile au salut
> Ne comptez pas sur Belzébut :
> Il a plus d'un air à sa flûte.
> Rossignol, fauvette ou pinson,
> C'est toujours pipant qu'il débute.
> Puis de la flûte au violon,
> De mal en pis, de chûte en chûte,
> Après le fossé la culbute.

Partout entourés de montagnes, nous voyons encore,
en passant, des couvents, des cascades et des ponts sur
la Reuss, ainsi que des zigzags et des terrasses. On ne
peut faire vingt pas sans que le spectacle, bien qu'avec
des sujets analogues, ne change et ne se complique de
mille manières : c'est une sorte de kaléidoscope qui, à
chaque mouvement, se renouvelle.

Nous traversons Amstœg, village de trois cents habitants, ayant son hôtellerie comme tous ceux de cette
route : c'est qu'en ce pays des bourrasques, neiges, inon-
dations, avalanches, on n'est jamais certain de ne pas
se trouver en face d'un obstacle, trop heureux de ne pas
être dessous et de trouver un asile pour se remettre de
sa peur et attendre que le passage soit libre. Ce sont ces
accidents qui font vivre les aubergistes de la montagne,
qui, par le beau temps, ne voient guère s'arrêter chez
eux que ces touristes allemands ou français, au long
bâton, aux souliers à crochets, échappés des univer-

sités, et qui dépensent en chemin plus de paroles que d'écus, leur suite ne consistant d'ordinaire qu'en ce bâton ferré et un petit sac qu'ils ont sur le dos.

Vient ensuite Dœrfli, où sont les ruines d'une forteresse construite, dit-on, par Gessler, ce loup-garou de la Suisse.

Silenen, bourg de quinze cent cinquante habitants, nous montre aussi ses ruines. Il est assez curieux que des châlets, chaumières de terre et de bois, aient survécu à toutes ces demeures féodales faites de bonnes pierres. La raison de ceci, c'est que les chaumières n'ont contre elles que le temps et les éléments, tandis que les châteaux forts, en outre de ces mêmes éléments, ont contre eux les hommes.

Le hameau de Reuss n'est connu que par ses noyers et autres arbres fruitiers.

Avant d'arriver à Bœtzlingen, on passe non loin d'un glacier, celui de Schlossberg. C'est quand on est dans ces voisinages qu'on regrette de n'avoir pas, avec plus de temps, le bâton ferré et les jambes des étudiants : eux seuls voient bien le pays, et peuvent en parler savamment sans avoir recours aux cartes et aux guides pour fixer leurs souvenirs.

Nous voici à Altorf: c'est une ville de quatre mille âmes, chef-lieu du canton d'Uri, remplie encore du souvenir de Guillaume Tell. Mais des évènements plus récents et qui ont laissé des traces moins poétiques que l'on voit encore, sont : le passage, en 1799, des armées françaises, autrichiennes et russes, et les combats dont ce malheureux canton fut si longtemps le théâtre et la victime.

D'Altorf, nous gagnons Flueten, village de cinq à six cents habitants, sur le lac des Quatre Cantons, qu'on nomme aussi lac de Lucerne. Là est le port du canton d'Uri, où l'on trouve les bateaux qui vont à Lucerne. J'en avais assez des précipices et du cahottement des diligences; aussi ce fut avec un vif plaisir que je mis le pied à bord : là, on peut s'étendre et dormir.

Le temps est calme, tout nous annonce une navigation paisible. Les montagnes qui nous entourent sont couvertes de bois. Un village, dont nous remarquons les maisons proprettes, est entouré de noyers et de châtaigniers. L'ombre de Guillaume Tell erre encore sur les rives de ce lac, car nous sommes sur la terre mythologique de la Suisse : on y montre le rocher sur lequel Tell sauta quand le gouverneur Gessler le tenait prisonnier.

Nous voici à Brunnen, village qui fut le berceau de l'indépendance suisse : c'est une jolie position, dont les environs paraissent fertiles et bien cultivés. La vue du lac, de ses rives et des montagnes au fond, complète ici le tableau.

Gersau, qu'on rencontre ensuite, est un bourg de seize cents âmes, qui fait partie du canton de Schwyz. Il formait autrefois une république indépendante; il voulut redevenir libre en 1814, mais les grosses puissances ne croyaient pas aux petites légitimités, et Gersau resta et est encore un district du canton de Schwyz.

Du bourg de Wœggis, où aboutit une route venant du Rigi, des rochers appartenant au canton d'Unterwalden et dont l'eau du lac vient baigner le pied font un effet très-pittoresque.

Parmi les monts qui nous entourent, on distingue le Rigi, le Pilate, le Burgenstock, etc. Avant d'arriver à Lucerne, on dépasse un promontoire nommé Maggenhorn. Là, on voit l'entrée des lacs ou plutôt des baies de Kussnach et d'Alpnach. Les ruines d'un château placé sur la cime d'un rocher portent le nom de Habsburg. Ici la vue du Rigi est magnifique; la partie qui touche le lac est bien cultivée; au-dessus sont des forêts, et son sommet offre, dit-on, de bons pâturages.

Nous sommes dans le golfe de Lucerne. Des villas, de beaux jardins, des maisons partout, annoncent l'approche d'une ville importante. Nous ne tardons pas à y aborder.

CHAPITRE XI.

Lucerne. — Zurich. — Rapperschwyl.

A Lucerne, je descends à l'hôtel du Rigi, dont le propriétaire est M. Veitt-Krauer. Lucerne est une ville de dix mille habitants, capitale du canton de ce nom, et dans une des positions les plus pittoresques qu'on puisse rencontrer : ses jolis environs, son beau lac, les monts Rigi et Pilate qui la dominent, et, plus loin, d'autres monts couronnés de neige, font un effet qu'on ne se lasse pas d'admirer. La ville n'est pas belle, mais elle a ses curiosités qui ne sont pas à dédaigner.

Après une bonne nuit dont j'avais grand besoin, conduit par un guide parlant italien, je commence mes courses dès sept heures.

Nous voyons d'abord un pont où est une peinture représentant des crétins auxquels on coupe la tête que l'on jette à l'eau. Pourquoi leur fait-on cette opération ? C'est ce que mon cicérone ne peut m'apprendre.

Ce pont est sur la Reuss que nous avons vue s'échappant de sa source et descendre en cascades sur les flancs du Saint-Gothard. Du pont, on voit bien le Rigi et ses deux pointes, dont l'une s'appelle Rigi-staaf, et l'autre Rigi-kulm. L'hôtel où je loge semble être au milieu.

Plusieurs ponts couverts offrent de curieuses peintures.

Ce qui frappe d'abord en arrivant à l'arsenal est un mannequin remuant la tête, représentant un paysan lucernois. Ce goût des mannequins a longtemps, dans le nord, remplacé celui des statues, et il n'est pas encore perdu en Angleterre : l'Anglais, comme le Suisse et l'Allemand, a ses poupés nationales.

Parmi beaucoup d'autres reliques, je remarque les drapeaux pris par les Lucernois, car qui n'en prend pas, et à qui n'en a-t-on pas pris? L'honneur et la gloire sont ici au bout d'un bâton auquel pend un chiffon. On me montre celui qui fut pris, dit-on, à la bataille de Morat en 1476, et la bannière de l'Autriche prise à la bataille de Sempach en 1586. Cette dernière me paraît plus authentique. Quant aux colliers à pointes de fer apportés par ces Autrichiens pour enchaîner les Suisses qu'ils n'ont pas vaincus, on ne peut nier l'existence de ces colliers, mais leur destination est moins certaine. L'arbalète en corne, avec laquelle a tiré Guillaume Tell, serait un morceau bien précieux s'il était moins problématique; mais quel est le cabinet d'antiquités où l'on n'ait pas, de temps en temps, besoin des yeux de la foi? Je croirais plutôt à l'épée qu'on dit aussi être celle du Brutus helvétien.

Les vitraux où sont dessinées, en verre de couleur,

les armoiries des principaux habitants de 1558 à 1606, et celles des cantons suisses, sont fort beaux. J'admire surtout ces guerriers dans les positions les plus pittoresques formant les supports, et les couleurs éclatantes de chaque écusson, qui ressortent par l'effet d'un cercle de verre limpide et éclairé.

Toujours conduit par mon cicérone, lequel, je m'en aperçois bientôt, n'est pas fort sur l'histoire de sa ville qu'il mêle à beaucoup de contes, je vais voir le monument érigé en commémoration des soldats suisses tués par la populace, le 10 août 1792, en défendant les Tuileries. Ce monument consiste en un lion gigantesque de neuf mètres de long et de six mètres de haut, sculpté en relief sur le rocher même. C'est un beau travail exécuté, d'après un modèle de Thorwaldsen, par le sculpteur Ahorn, né à Constance. On dit que le premier modèle donné par Thorwaldsen était médiocre ; il s'en aperçut, et en fit un second : c'est celui qui a été exécuté. Le gardien du monument, Paul-Joseph Los, âgé de quatre-vingt-deux ans, est le dernier des survivants à cette journée où périrent, dit-on, vingt-six officiers et seize cents soldats. Je crois ce chiffre exagéré.

Je retourne à l'hôtel pour déjeûner. Le poisson du lac y est, comme toujours, le plat d'honneur. Chaque lac a son poisson favori, auquel les hôteliers du lieu devraient élever une statue, car ils lui sont redevables de leur fortune : l'agone, la truite, le lavaret, l'ombre chevalier, etc., tous fort bons, sans valoir pourtant le poisson de mer. Le vin blanc de Lucerne a aussi sa réputation.

A dix heures, je prends la voie ferrée qui conduit à

Zurich. Les wagons de première classe sont ici des plus commodes : au lieu de canapés à trois ou quatre places, ce sont des fauteuils en face les uns des autres, deux à deux à droite, un à un à gauche. Des tables d'acajou séparent les personnes placées ainsi en vis-à-vis. Un passage au milieu, où l'on peut se promener, règne dans toute la longueur du wagon qui a huit fenêtres. Partout des tapis, et des glaces ou miroirs entre les fenêtres.

Le pays est riche et bien cultivé. A droite est un lac aux rives plates, se relevant un peu plus loin en collines couvertes d'arbres fruitiers. Les stations se succèdent rapidement : j'en compte neuf dans une heure et demie.

A onze heures et demie, nous touchons à Zofingen en Argovie. Le lac que nous voyons, et au bord duquel la ville est située, est celui de Wiggen. On compte à Zofingen trois mille cinq cent soixante âmes.

De jolies maisons, qu'on distingue dans la vallée, annoncent l'aisance des habitants. On a découvert, dans les environs, des débris romains : où donc les Romains n'étaient-ils pas? Zofingen a sa place d'armes, sa bibliothèque, son église, sa maison de ville et de tir.

A midi, nous sommes à Aarburg. A droite est une maison entourée d'une galerie couverte et de trois balcons superposés.

Peu de minutes après, paraît Olten, où se croisent les voies de fer d'une partie de la Suisse. Olten est un gros bourg de seize cents habitants, situé près du confluent de la Dunnern et de l'Aare : c'est là que je dois changer de train.

Ses wagons ne valent pas moins que ceux que nous quittons. Ceux de première classe sont aussi à six fauteuils, avec deux tables, une grande et une petite. La grande est placée entre quatre fauteuils, la petite entre deux. Une séparation au milieu forme une communication d'un wagon à l'autre. Aux portes sont des glaces. Ce sont de petits salons ayant deux mètres trente centimètres de hauteur, et où l'on peut circuler.

J'ai pour compagnons M. F**, de Paris, sa jeune femme blonde et jolie, et une autre dame, Parisienne aussi, je crois, avec son mari que sa décoration et ses moustaches grises taillées en brosse annoncent être un vieux militaire, toutes personnes de bonne compagnie et avec lesquelles je suis bientôt en connaissance.

Un petit sac de nuit que je garde toujours près de moi, parce qu'il contient des livres, des plans et des cartes, se déchire. La dame au mari décoré m'offre gracieusement de le raccommoder, ce qu'elle fait à l'instant après avoir tiré de son porte-monnaie une aiguille et du fil. Je lui offre une médaille de saint Charles Borromée, et à la jeune femme une balle de Magenta échappée de mon sac et dont son mari paraissait avoir grande envie.

La campagne est toujours riche et belle. Une rivière coule à gauche.

A Zurich, je descends à l'hôtel Billatz. A dîner, je rencontre deux savants français qui demandent au garçon de salle le nom d'un professeur du canton, nom qu'ils estropient probablement, et pour le faire comprendre ils lui nomment ses ouvrages avec quelques citations grecques. Le garçon ouvre de grands yeux, ne comprend rien et ne répond mot. Alors un des savants

se tournant vers moi : « Voyez, me dit-il, la stupidité
des gens de ce pays, on n'en peut obtenir le moindre
renseignement ! » Je ne saurais trop dire l'effet que me
fit cette exclamation.

> Si l'on cite bien des gens
>   Encroûtés d'ignorance,
> On trouve aussi des savants
>   Hébétés de science.
> S'il m'eût fallu faire un choix
>   Dans cette circonstance,
> Entre le bon sens des trois,
> Celui du valet, je crois,
>   Eût eu la préférence :
> Le silence répond bien
> A qui parle et ne dit rien.

Placé sur le lac du même nom, Zurich est arrosé par
deux rivières, la Limmat et la Sihl, et plusieurs canaux
que traversent six à sept ponts, ce qui en fait une espèce
de Venise d'eau douce. Cette ville, où l'on compte dix-
sept mille âmes, a donné son nom à une bataille gagnée
en 1799 par Masséna contre les Russes commandés par
Korsakof. C'est pendant cette bataille que Lavater fut
tué accidentellement par une balle dans une des rues de
la ville.

Ma première visite est au professeur Horner, homme
très-érudit et conservateur de la bibliothèque de la
ville, riche de plus de trois mille manuscrits et de cinq
mille volumes. Parmi les curiosités, M. Horner me
montre un herbier formé par Jean-Jacques Rousseau,
et plusieurs de ses lettres. Ce que j'ai vu avec beaucoup
d'intérêt, ce sont les portraits des principaux habitants
et des bienfaiteurs de la ville, de 1336 à 1798. Il est à
regretter qu'on n'ait pas continué cette collection. Au-

jourd'hui qu'il est si facile et si peu coûteux de se procurer la ressemblance au moyen de la photographie, chaque ville devrait avoir la collection de ses hommes célèbres ou utiles, ainsi que de ses autorités municipales. On pourrait aussi, à Paris, dans chaque ministère, joindre aux dossiers les figures des magistrats, des administrateurs, des militaires et marins qui se distingueraient, sans oublier d'y mettre les noms, car c'est par cette omission que tant de vieux portraits, qui auraient été précieux pour l'histoire du pays et des familles, sont tombés dans la catégorie des croûtes et dans le domaine du marchand de bric-à-brac qui vend cinq francs ce qui en a coûté cent, et qui en vaudrait mille si on en connaissait l'histoire.

Zurich a aussi sa bibliothèque cantonale possédant vingt-quatre mille volumes, et celle des sciences naturelles, toutes les deux ouvertes aux lecteurs; sans compter de riches bibliothèques particulières. Aussi, en Suisse, les individus ne sachant ni lire ni écrire sont aussi rares qu'ils sont communs chez nous, où il en sera toujours ainsi tant que l'enseignement ne sera pas gratuit et obligatoire.

Ma seconde visite fut au tombeau de Lavater, que le pape aurait dû canoniser, tout protestant qu'il était, car je ne doute pas que saint Pierre, passant sur l'inconvénient, ne lui eût ouvert les portes du paradis, sauf à l'y convertir ensuite.

La troisième est pour M. Ferdinand Keller, président de la Société des Antiquaires de Zurich, avec qui j'étais depuis longtemps en correspondance, savant bien connu par d'intéressants mémoires, notamment sur les antiquités découvertes depuis peu dans le lac de Bienne, dont il me montre une très-curieuse collection appartenant au musée. J'y vois des haches de pierre, des gaînes en bois de cerf et autres os travaillés, qui ressemblent beaucoup à ceux que j'ai découverts dans nos tourbières de 1834 à 1840, et qui sont dessinés dans l'édition de 1846 de mes *Antiquités celtiques et antédiluviennes.*

Ces reliques des lacs de la Suisse doivent remonter à la même époque que celles de la Somme et des gisements celtiques. Peut-être même celles d'Abbeville sont-elles plus anciennes, car jamais, avec ces haches de pierre et ces instruments en os et en corne de cerf, je n'ai trouvé de métaux ou d'instruments qui en étaient faits, tandis qu'on en a recueilli beaucoup dans les lacs de la Suisse.—Je suis convaincu que nous ne sommes qu'au début de ces découvertes lacustes, et lorsque l'on pourra former une compagnie ou association scientifique pour le draguage des lacs et des fleuves, non-seulement dans notre Europe, mais en Afrique, en Asie, dans le voisinage des lieux où furent de grandes cités, et sur quelques points de l'Amérique, on trouvera des trésors. Les tourbières, essentiellement conservatrices, n'ont été explorées qu'en quelques endroits : leur flore et leur faune restent à faire. Puis sous ces tourbières vous trouvez le diluvium, et dans le diluvium, encore des traces de l'homme. Où s'arrêtera cette étude? *Dio lo sa.* Que les villes construisent des musées : je leur promets, si ce goût des recherches souterraines et de l'histoire d'un autre âge se soutient, que ces musées seront bientôt remplis : il suffira que chacun y apporte son obole. Les collections particulières ont sans doute leur mérite, mais elles ne durent guère : les ventes après décès les éparpillent et les dépaysent. Ayant perdu son certificat d'origine, le morceau historique, de traditionnel qu'il était, n'est plus qu'objet de commerce ou de curiosité, parfois même un jouet abandonné aux enfants. Combien n'en ai-je pas sauvé de leur innocent vandalisme !

Je vois la galerie zoologique que mon domestique de place nomme le *muséum des bêtes*, et le jardin botanique. Là encore sont deux herbiers, mais plus complets que celui de J.-J. Rousseau : ce sont ceux de Gesner et de Heget-Schweiler.

De tous les points un peu élevés de Zurich et de ses deux ponts principaux, on jouit d'une vue admirable de son beau lac et des montagnes qui le dominent.

A l'arsenal, on me montre, comme à Lucerne, l'arbalète dont Guillaume Tell s'est servi pour enlever la pomme posée sur la tête de son fils. Il paraît qu'il en avait de rechange.

La Suisse est probablement le pays le mieux fourni de trophées d'armes, Zurich en est donc bien approvisionné : on y remarque, entr'autres, le casque et la cuirasse que Zwingle, à la fois curé, littérateur et guerrier, portait à la bataille de Cappel.

Les églises de Zurich, notamment la cathédrale, sont plus à citer pour les souvenirs qu'elles présentent que pour leur architecture : elles ont été le champ de bataille ou de controverse des premiers disciples de Luther. De quelque manière qu'on l'envisage, Luther ne peut être considéré comme un bienfaiteur de l'humanité. Sa séparation de l'Eglise, sans éclairer les peuples, sans les rendre plus moraux ni plus tolérants, n'a en rien contribué à leur bien-être, et n'a pas fait faire un pas de plus à la liberté. Ce serait plutôt le contraire : ce sont les ministres du culte protestant qui se sont montrés les plus ardents à maintenir le droit divin de l'esclavage. On ne saurait rendre Luther responsable des guerres de religion qu'a amenées son hérésie, mais elles n'auraient certainement pas eu lieu si l'Eglise était demeurée une.

A sept heures du soir, je m'embarque sur un vapeur allant à Rapperschwyl pour y faire une visite à la duchesse de Parme que j'avais connue enfant, et que depuis, en 1853, j'avais revue à Venise chez sa mère.

Le temps n'étant pas clair, la nuit ne tarde pas à venir. Je descends au salon où je trouve nombreuse compagnie. Ce qui me frappe d'abord est un personnage, véritable géant près duquel ceux qui se montrent aux foires auraient pâli. Sa mise et ses manières annoncent d'ailleurs que s'il était géant de taille, il ne l'était pas d'état.

Parmi les dames, il y en avait de fort jolies, presque toutes en toilette. Il était évident qu'elles revenaient de faire des visites ou qu'elles y allaient. A chaque station, on en débarquait quelques-unes. Je finis par rester seul dans le bateau. Je me crois oublié. Une servante confirme cette idée en me demandant ce que je fais là, et si je vais coucher à bord. Effaré, je monte sur le pont et je cours au capitaine qui d'abord semble ne pas comprendre ce que je lui veux ; enfin, il me dit que nous avons encore deux stations pour arriver à Rapperschwyl, et m'assure que j'y trouverai la duchesse.

A dix heures et demie, nous abordons. On me conduit à l'hôtel du Lac. Tout le monde est couché, et la porte est fermée. Je frappe ; trois femmes viennent ouvrir : l'une d'elles était la maîtresse du logis. Ma première question est au sujet de la duchesse : est-elle à Rapperschwyl?—On me répond qu'elle est partie le matin pour Bregens où ses deux filles sont en pension.—Cruel désappointement! Il était trop tard pour souper : cuisiniers et marmitons, tout dormait dans l'hôtel. J'allai me coucher de mauvaise humeur, et mon lit ne contribua pas à la rendre meilleure. Ce n'est qu'en France qu'on sait faire un lit ; dans les autres pays, il semble qu'un lit ne soit pas fait pour dormir, car on y a toujours ménagé quelque chose qui vous en empêche. Ici on n'a pas mis de couverture, mais un édredon sous lequel j'étouffe et sans lequel je gèle. Je passe ainsi toute ma nuit entre le chaud et le froid.

Le lendemain, 21 septembre, le maître de l'hôtel du Lac, ancien militaire et compagnon d'armes de Napoléon III quand il était soldat suisse, vient me voir. Il ne sait pas si la duchesse doit rentrer bientôt au château de Moienberg où elle réside, à deux kilomètres de Rapperschwyl. Il m'engage à aller jusque là, et me donne l'adresse du comte Scotti, son chevalier d'honneur, par lequel je saurai à quoi m'en tenir.

Le soleil brille, le temps est calme, le chemin beau, je me décide à faire la route à pied. A huit heures, j'y étais. La grille est ouverte, il n'y a ni gardien ni concierge, pas même de sonnette ou de marteau pour frapper. J'entre dans un vaste et beau jardin, et bientôt me voici en face d'une maison confortable, mais simple.

Je ne trouve levés que les frotteurs occupés à préparer leur cire. Faute de mieux, je m'adresse à eux. Le premier valet de chambre est absent, et le second aussi. Le comte Scotti dort.

Il faut donc m'en aller comme je suis venu. Je me décide à écrire un mot au comte. En attendant une réponse, je cause en italien avec l'individu qui a été porter ma lettre. Il me demande des nouvelles de la France qu'il désirerait bien visiter, puis il me parle du théâtre de la guerre d'où il sait que je reviens. Est-ce un valet ou un secrétaire? Je n'en sais rien, mais il cause très-nettement politique, et avec un vrai bon sens.

Le comte Scotti me fait dire qu'il s'habille et qu'il va me recevoir.

Me voici en face d'un jeune homme en robe de chambre, qui m'apprend qu'il n'est pas le comte Scotti, alors absent, mais son fils, et qu'il le remplace. Je lui dis le sujet de mon voyage. Il me répond que la duchesse est partie pour trois jours, mais qu'il est possible qu'elle revienne plus tôt. Il ajoute qu'il ne doute pas que la duchesse ne me reçoive aussitôt son retour, et que j'en serai prévenu. Nous parlons ensuite d'un peu de tout, c'est-à-dire de pas grand'chose.

Je reviens à l'hôtel du Lac à travers la campagne qui est belle et bien cultivée. Tout en admirant le pays, je n'enrage pas moins d'avoir fait un voyage inutile.

Je quitte Rapperschwyl sans avoir l'intention d'y revenir, mais regrettant de n'avoir pu voir la duchesse qui me rappelle tant de souvenirs d'un autre temps.

Le vapeur où je suis est un bon bateau à aube,

nommé *le Zurich*. Quoiqu'il marche bien, on n'arrive pas vite, car il dessert les stations des deux côtés du lac, allant ainsi d'un bord à l'autre pour y prendre ou déposer les voyageurs ; mais je ne suis pas pressé, j'aurai le temps de voir le lac que je n'ai traversé que la nuit, et de faire connaissance avec ses rives. Elles sont bonnes à consulter, et vous apprennent bien des choses. Là, point de non-valeurs ni de terrains perdus : l'utile et l'agréable y sont habilement mêlés. Mieux encore, à cet agréable on sait donner son produit : en Suisse, tout rapporte. Les parents qui, chez nous, destinent leurs enfants à la vie des champs, ce qu'ils devraient faire plus souvent, car une propriété, fût-elle petite, qu'on exploite soi-même, est plus sûre qu'une grosse place, ces parents, dis-je, feraient bien d'envoyer ces apprentis cultivateurs suivre en Suisse un cours pratique d'économie agricole.

CHAPITRE XII.

—

Lacs de Zurich et de Constance. — Constance

—

Me voilà donc louvoyant de station en station, de gauche à droite et de droite à gauche. Tout annonce une belle journée. En sortant du port et en tournant le dos au point du lac où est Zurich, on a en face le pont qui, de Rapperschwyl, va à la rive opposée. Sa longueur est de plus d'un kilomètre, sa largeur d'environ quatre mètres. Ce pont, si long et si léger, a quelque chose de vaporeux. En face, à droite et à gauche, des montagnes couvertes de neige forment le fond du tableau. Derrière, les monts s'abaissent en collines vertes et bien boisées. Des jardins et des vergers descendent jusqu'au bord du lac.

Nous passons à côté de la petite île d'Auffnau, qui est comme l'avant-poste de Rapperschwyl, lequel, par son port, est le Brest ou le Toulon du lac. Après beaucoup de vicissitudes, car sa jolie position et la richesse de ses campagnes excitaient bien des convoitises, Rapperschwyl fait aujourd'hui partie du canton de St-Gall. Sa population est de dix-neuf cent cinquante âmes, d'autres disent deux mille cinq cents.

Il me serait difficile de nommer toutes les stations où nous allons prendre ou débarquer des voyageurs, mais j'ai déjà dit que ces temps d'arrêt, toujours fort courts, n'ont rien d'ennuyeux, car à tout instant le spectacle change : d'autres points de vue et d'autres figures vous donnent d'autres pensées. Il n'y a point ici de monotonie, cette plaie de l'existence.

A onze heures, nous sommes à Reichterschwyl. En face, nous avons le lac dans toute sa splendeur et sa plus grande largeur. Reichterschwyl est un lieu très-commerçant, ayant son petit port, son petit môle, et une belle fabrique de tissus annoncée par des pièces d'étoffes rouges qui, étalées en longue ligne sur l'herbe, forment ainsi des champs de carmin. La position de cette petite ville, où l'on compte de trois à quatre mille habitants, est vraiment délicieuse. Les collines qui l'entourent, couvertes de vignes, d'arbres à fruits et de jolies maisons, paraissent plus fraîches encore par l'effet des monts incultes et crayeux qui les dominent.

A onze heures et demie, nous passons devant un hameau dont tous les environs sont couverts de vignes. Il y en a si près du bord, que du bateau on pourrait compter les grappes de raisin. Ces vignes n'ont guère que cinquante à soixante centimètres de hauteur, mais, toutes égales et parfaitement alignées, on croirait voir un régiment qu'on va passer en revue. Je remarque une maison sur le toit de laquelle est écrit *R. W.* en lettres de cinq pieds de haut.

Dans l'une des stations dont le nom m'échappe, on me montre l'endroit où, dans l'hiver de 1853 à 1854, l'eau du lac étant très-basse, on aperçut des têtes de pieux, ce qui amena la découverte dont j'ai parlé ci-dessus. La plupart des objets recueillis par M. Keller, qui s'est rendu sur les lieux, sont aujourd'hui au musée de Zurich.

Les bords de ce lac sont les plus habités que j'aie vus. Partout des villages qu'unissent des maisons à mi-côte : c'est une rue continuelle. Autour de ces maisons, des vignobles soutenus par des murailles d'un mètre de hauteur, qui s'étendent jusque dans le lac en petites jetées. Entre deux vignobles, les espaces vides forment des refuges pour les canots.

Quelques-uns de ces bourgs ou villages ont de véritables ports avec leurs quais. Des navires d'assez fort tonnage peuvent y aborder et y trouver un abri.

Une église sur la colline m'annonce encore l'approche d'une station. Là, un gazon en escalier forme dix étages de verdure.

Bientôt Zurich se développe devant nous; nous y sommes à une heure après midi. Je prends immédiatement l'omnibus pour gagner le chemin de fer. J'y ai pour compagnie deux jeunes villageoises suisses, sœurs sans doute, grandes, bien tournées. Deux tresses énormes leur descendent jusqu'aux mollets. Sur leur tête, en manière de coiffe, est un ruban noir de quatre à cinq pouces de largeur et de douze à quatorze de longueur, placé horizontalement en ailes de moulin et formant la croix. Cette bizarre coiffure ne les empêche pas d'être fort jolies : c'est un moulin à faire tourner les têtes.

Le chemin que parcourt l'omnibus est la brillante partie de Zurich, en exceptant toutefois celle plus belle encore qui est au bord du lac. Nous passons plusieurs ponts. Des usines s'élèvent sur pilotis. A côté sont d'élégantes maisons. Sur la hauteur, à droite, est un grand édifice jaune, à croisées vertes, qui ressemble à un hôpital ou un collége. Devant la gare, une belle pelouse verte s'étale coquettement.

Me voici en wagon. C'est à Rorschach que je vais; Saint-Gall est sur notre route. En quittant Zurich, nous traversons la rivière de Sihl, puis celle de Limmat, sur un pont de fer. Ensuite, nous entrons dans un tunnel qui ne finit pas et qui a, me dit mon voisin, un kilomètre de longueur. Les wagons des premières sont établis sur le même système que ceux que j'ai déjà décrits, et bien supérieurs à tout ce que nous avons en France. Ces tables restant immobiles, qui séparent les voyageurs placés en face les uns des autres, sont très-commodes : on pose dessus ses livres, et dessous ses petits bagages. On peut aussi s'y appuyer.

Nous passons successivement les stations de : Oerlinkon, Wallissellen, Effrotikon, Kempthal, non loin duquel on aperçoit, sur une hauteur, les ruines du château des Kiburg, puissante famille qui commandait à soixante châtelains ses vassaux, et dont hérita Rodolphe de Hapsbourg. Qui parle aujourd'hui des Kiburg? Le nom des grands passe donc comme celui des petits. C'est en 1264 que s'éteignirent les Kiburg.

Nous voici à Winterthur, jolie ville de cinq mille trois cent cinquante habitants, qui a son cabinet de médailles et de pierres gravées, sa galerie d'histoire naturelle, son musée, son gymnase, sa bibliothèque fondée en 1660, ses bains, etc., et dont on ne parle pas davantage.

A Winterthur, je change de train. Je retrouve M. F** et sa jeune femme.

Nous sommes bientôt à Saint-Gall, où l'on change encore une fois de train. J'ai le temps d'y faire une promenade. C'est une ville dans un jardin : maisons propres, élégantes, jaunes, vertes, blanches, séparées par des arbres. Des fabriques s'étendent au loin dans la campagne. Saint-Gall est à six cent soixante-dix mètres au-dessus du niveau de la mer, et deux cent soixante-quatorze au-dessus du lac de Constance : aussi l'air y passe pour très-sain, et ses points de vue pour les plus beaux du canton.

Nous partons pour Rorschach. Cette voie, élevée sur des murs et des terrasses, domine les plus grands arbres. Une plantation de sapins fait, de cette hauteur, un effet fort étrange : on croirait voir un champ d'asperges de belle dimension.

A cinq heures un quart, nous descendons une côte, la plus rapide que j'aie parcourue en chemin de fer, et l'on arrive à une étroite vallée dite gorge de Steinbachtobel, qu'on traverse sur deux ponts. Nous passons le bourg de Sanct-fiden. Le long de la voie est une rivière ou torrent.

A six heures, se montre, à gauche, le lac de Constance. A droite, nous avons une suite de petites vallées d'un aspect agréable.

Après Mœrschwyl, la vue devient plus belle encore : en outre du lac, on distingue au loin plusieurs villes, mais le jour commence à baisser.

Nous entrons à Rorschach où je dois passer la nuit. C'est un bourg de mille sept cent·cinquante habitants, très-commerçant, dit-on, mais dont l'aspect fait d'abord un fâcheux contraste avec Saint-Gall qui est si riant.

Je descends à l'hôtel de la Poste où je ne vois qu'une vieille servante qui me rit au nez quand je lui demande quelque chose, et qui ne m'apporte rien. Enfin paraît le valet de salle, et je puis me faire servir à dîner, ce qui n'est pas toujours facile en Suisse lorsqu'on arrive après l'heure de la table d'hôte. Mais ce qui y console assez ordinairement d'un mauvais menu, c'est un vin toujours potable et souvent fort bon. Celui-ci était excellent. Quant au dîner, vu l'absence du cuisinier ou de celle de vivres, il consistait en une côtelette de veau battue et amincie, dite *à la milanaise,* et un poisson du lac, plus deux journaux en place de dessert.

Je passe une nuit assez agitée. Le vent soufflait, la pluie. battait mes fenêtres, ce qui me contrariait fort, car je devais m'embarquer à huit heures pour gagner Constance : or, les lacs ne sont pas agréables quand il pleut et vente, et qu'il faut, tous les quarts-d'heure, mettre en panne devant une station, au risque de faire côte, désagrément qu'on peut craindre à la mer, mais beaucoup moins souvent.

Je déjeûne avec du café et du beurre excellent, plus un miel fort appétissant, qu'on sert souvent en Suisse et qu'on présente dans ses rayons, ce qui donne la certitude qu'il n'est pas sophistiqué.

Pendant que je déjeûnais, deux flâneurs du pays sont venus s'attabler près de moi pour boire une bouteille de vin. Vu l'heure matinale, je pris cela pour un prétexte afin de m'examiner à leur aise, simple curiosité de badauds, car en ce pays il n'y a pas d'espions.

Contre l'ordinaire, personne ne parlait français dans cet hôtel, pas même le maître, superbe homme à moustaches, très-bien mis, de fort bonnes manières, et qu'on prendrait plutôt pour un colonel que pour un hôtelier. Il paraissait d'ailleurs fort mortifié de n'avoir pu me faire mieux dîner la veille : aussi sa carte fut-elle des plus modérée. Il n'en est pas ainsi dans toute la Suisse : on y dérange beaucoup les hôtes en arrivant tard et quand tout est desservi, et ils vous font alors payer, non selon ce qu'ils vous donnent, mais d'après le dérangement que vous leur avez causé en les faisant sortir de leurs habitudes : c'est l'*incomodo* des Espagnols.

Le temps paraît s'éclaircir. A huit heures un quart, je suis dans le bateau allant à Constance. L'éclaircie ne se soutient pas ; je me réfugie dans la chambre. Je veux faire essuyer un carreau pour voir le lac et ses bords. Le domestique à qui je m'adresse me renvoie à un autre qui prétend que c'est la fumée qui salit les vitres, et il n'y touche pas. Je lui demande une serviette et l'essuie moi-même, et le verre, à son grand ébahissement, reprend toute sa transparence.

Parmi les personnes qui m'entourent, je remarque un personnage portant un chapeau tyrolien de couleur verte, orné d'une plume et d'une cocarde faite aussi de plume. Sa figure pâle et à moustaches, indiquant un homme de trente-six à quarante ans, a quelque chose de sympathique ; aussi faisons-nous bientôt connaissance. Un échange de cartes m'apprend que c'est le comte Anglès, fils de l'ancien préfet de ce nom. Habile tireur et chasseur intrépide, il ne voyage que pour la chasse. Ne sachant pas l'allemand, il est accompagné d'une femme âgée qui lui sert d'interprète et de domestique. La conversation intéressante du comte me fait oublier le mauvais temps. Nous causons du lac, de ses oiseaux qu'en sa qualité de chasseur il connaît parfaitement, et de ses poissons que la cuisine du pays m'a appris à distinguer. On y pêche le saumon, plusieurs espèces de truites, le lavaret bleu, le lavaret ordinaire, etc., tous fort bons.

Vers huit heures trois quarts, un joli bourg se montre à gauche. A droite, la côte a disparu dans la brume. A neuf heures, on aperçoit deux villages. Nous nous éloignons de la rive. Il pleut toujours à verse. Le salon est plein, car personne ne peut tenir sur le pont. Toutes les femmes sont bien mises et semblent bien élevées; néanmoins, sauf le comte et moi, nul ne parle français à bord. Je le croyais, mais au moment où je m'y attendais le moins, une fort jolie personne, qu'il était facile de reconnaître à son accent pour Allemande ou Suisse, m'adresse la parole en français. Alors elle me fit place à côté d'elle et en face d'une fenêtre par laquelle je voyais parfaitement le lac dont elle se plut à m'indiquer les points les plus remarquables.

A la station de Romanshorn est un port où aboutit le chemin de fer. C'est la compagnie qui a établi ce port devant son embarcadère. L'opération a dû être bonne, car il s'y fait un grand commerce, et les marchandises y abondent. Le port est entouré de vastes hangars servant à la fois aux embarcations et aux wagons. Un de ces magasins, soutenu par des colonnes, fait, vu du lac, un effet monumental.

Comme notre vapeur est obligé de s'arrêter pour prendre des marchandises, nous allons faire un tour à terre et visiter ces hangars qui sont couverts en ardoises. J'y vois charger des fromages suisses destinés pour la Russie, fromages monstres qui ont un mètre de diamètre et trente-trois centimètres d'épaisseur. Chacun vaut deux cents francs.

Romanshorn a quatorze cents habitants. Là était la maison de plaisance de l'abbé de Saint-Gall. La masse de denrées et marchandises de toutes espèces qui remplissent les magasins est énorme.

Deux grands bateaux à vapeur, très-élégants, mais presqu'entièrement chargés de bœufs et de vaches, passent devant le port. On les salue comme d'habitude, et tous les passagers rendent le salut, sauf les bœufs pourtant. Toutes les secondes places sont occupées par ces animaux; quelques-uns même ont gagné les prémières : où l'ambition va-t-elle se nicher !

La pluie redouble. Les dames venues à terre s'émpressent de retourner à bord, mais une grande et belle femme, arrêtée à l'entrée de l'escalier par sa crinoline, ne peut aller plus loin, et la circulation est interrompue. Réclamations de toutes celles restées dehors. On veut serrer la crinoline; la dame s'y refuse. Elle se décide enfin à remonter et préfère mouiller sa personne que de briser ses ressorts, et, martyre de sa toilette, elle reçoit bravement l'ondée.

A dix heures et demie, nous quittons Romanshorn. Une fois hors du goulet, nous voyons la forme de la

presqu'île que la brume nous avait empêché de reconnaître lors de notre entrée. A certaine distance, l'ensemble est fort pittoresque.

Sur la rive droite, la campagne est riche et belle. A
gauche, le mauvais temps nous la cache; mais nous
nous rapprochons de cette rive en allant vers Constance.
La côte est plate; un joli village se montre. La rive
droite à son tour se perd dans la brume.

La pluie a cessé, mais le vent augmente et tourne à
la tempête. A gauche est une grande maison qui ressemble à un hospice. Le soleil commence à se montrer.
Constance est devant nous.

A midi, nous arrivons à Constance qui dépend du
duché de Bade. Nous retrouvons là le bureau de police
et la demande de passe-ports dont il n'avait pas été
question depuis notre entrée en Suisse.

Constance, célèbre par son concile, est une ville
déchue : de quarante mille habitants qu'elle avait jadis,
il ne lui en reste aujourd'hui que sept mille cinq cents.

En entrant dans la ville, je me trouve dans une foire
où la foule se presse, non à cause du précieux ou du
fini des objets qu'on y vend, car je n'y vois que des
jouets, de la quincaillerie, et une montagne de vieux
habits et de friperies de toutes sortes.

De là, je gagne la cathédrale, édifice gothique du xi[e]
siècle, riche en bonnes sculptures en bois. La chaire
est soutenue par une figure qu'on dit être celle de Jean
Hus. Dans une des chapelles sont un *fac simile* du saint
sépulcre et des peintures de Holbein.

Dans la rue Saint-Paul, je visite la maison de Jean
Hus, dont la façade est ornée de son buste en pierre.

J'avais vu, dans la cathédrale, la pierre sur laquelle était Jean Hus au moment où on lui fit la lecture de l'arrêt du concile qui le condamnait à être brûlé vif, pierre qui, assure-t-on, est la seule du temple qui soit toujours restée sèche depuis cette condamnation. Il fallait bien voir aussi, dans un des faubourgs, l'endroit où la sentence avait été exécutée en 1415, et où fut également brûlé à petit feu, un an après, Jérôme de Prague, son disciple, qui avait voulu le défendre. A cette époque, les mœurs étaient peu parlementaires. Il y a soixante-dix ans que, chez nous, elles ne l'étaient pas davantage. Quelle différence voyez-vous entre les juges de Constance et ceux de nos tribunaux révolutionnaires ? Les conciles eurent aussi leurs Marat et leurs Fouquier-Tinville.

Quoique la ville ne soit pas bien grande, je trouve moyen de m'y perdre. Un officier badois, à qui je m'adressai, vint poliment me conduire. Il parlait français. Arrivés tout causant sur le port, il m'invite à monter avec lui un escalier, et je me trouve dans une immense pièce soutenue par des colonnes en bois grossièrement faites, et qui sert de halle aux toiles. Cette salle précède celle où fut tenu le concile. C'est là qu'a été élu Martin V : époque féconde en papes, car il en existait deux autres, Jean XXIII et Benoit XIII. On ne peut pas dire ici : *Abondance de bien ne nuit pas,* car il en est résulté un grand schisme et un non moins grand scandale. Je ne sais si nous valons mieux que nos pères, mais, de notre temps, on n'oserait braver à ce point la religion et la conscience publique, et il ne se trouverait pas trois prêtres assez osés pour se disputer ainsi la tiare.

Introduit dans cette salle, j'en admirai les dimensions qui sont, au dire du gardien, de cinquante-huit mètres de longueur sur trente de largeur et six de hauteur. Elle est soutenue par quatorze colonnes de chêne. Vingt-quatre fenêtres éclairent le tout, et quarante-huit bancs de pierre sont disposés pour la commodité de ceux qui voulaient s'asseoir. Il est à croire que ces bancs n'étaient là que pour le public : les membres du concile devaient avoir des siéges moins durs et plus chauds. Dans un compartiment ménagé à cet effet, s'élève l'autel où le pape disait la messe ; on y montre aussi son *Missel*. Non loin de là est le coffre qui servit de prison à Jean Hus, et le trou par lequel on lui donnait à manger.

La collection contient aussi les portraits de Luther et de Catherine de Bora, sa femme ; des boucliers et autres armes des croisades ; le harnais de 1474 de Charles-le-Téméraire ; un fusil simple de chasse de Napoléon Ier ; un buste grotesque de l'empereur Albert, et quelques broutilles sentant fort le bric-à-brac.

Ce que j'admire le plus à Constance, c'est la vue du lac lui-même. Ce lac est un des plus vastes de la Suisse : traversé par le Rhin, il a soixante-cinq kilomètres de longueur sur treize de largeur. Il a ses marées : on le voit, comme la mer, monter, puis descendre, sans qu'on ait pu jusqu'ici s'en expliquer nettement la cause.

CHAPITRE XIII.

Schaffouse. — Chûte du Rhin.

Partis de Constance à midi et demi, nous entrons dans le chenal conduisant dans l'autre partie du lac qui se divise, comme on sait, en lac inférieur et lac supérieur.

N'ayant pas eu le temps de déjeûner à Constance et l'heure du dîner n'étant pas encore arrivée, je veux manger quelque chose en attendant. On m'apporte un petit pain et un carafon de vin de Schaffouse, qui est en réputation dans ce pays. La faim et la soif me font trouver le pain excellent et le vin délicieux. On me demande pour le tout un franc cinquante centimes. Je paie; mais un moment après, la bonne me dit qu'elle s'était trompée, et me rapporte cinquante centimes que je lui abandonnai pour la récompenser de cette délicatesse.

Le chenal, étroit à la sortie de Constance, s'élargit. À une heure, il a un kilomètre de largeur. Ici, les bords sont verts, bien plantés, mais peu accidentés. Bientôt la côte se rehausse et s'embellit.

Voici Arenemberg, habitation qu'avait longtemps occupée la reine Hortense. Nous passons au pied. La maison, placée sur un coteau au milieu des arbres, domine le lac, et paraît petite et isolée. Non loin de là, en est une plus grande, Salerstein; et tout au haut d'une colline, Lauthemberg, bâtie par le général Grant et louée ou achetée par un Anglais.

Nous traversons le Rhin pour rentrer bientôt dans le lac. A deux heures, la vue s'embellit; les bords se relèvent; colline bien boisée; peu d'habitations.

Nous avons sur le pont une très-belle chèvre blanche, en compagnie de deux vaches et de leurs veaux, plus une douzaine de bœufs placés à l'arrière, le tout faisant partie du bagage de quelques juifs fort occupés en ce moment à jouer aux cartes. Un matelot farceur cache la chèvre, puis vient dire aux joueurs qu'elle a disparu en sautant à l'eau. L'un d'eux, petit homme à figure d'épervier, qui en était propriétaire, s'élance aussitôt sur le pont, et voyant au loin un objet blanc qui surnage, il croit que c'est sa bête, et veut se jeter à l'eau pour la poursuivre à la nage. On l'en empêche. Alors il s'adresse au capitaine et lui demande un canot. Le capitaine lève les épaules et l'envoie promener. Ainsi rebuté, notre homme s'abandonne au désespoir; il bat du pied, se frappe la poitrine et s'arrache les cheveux. Il eût perdu sa femme ou sa fille, qu'il ne se fût pas plus désolé.

Je croyais comme tout le monde, sauf l'auteur de la farce, que la chèvre avait en effet disparu, et nous partagions la douleur du pauvre israélite. Il est probable que la bête la partageait aussi, ou qu'elle s'ennuyait de sa réclusion forcée, car au moment où le malheureux, abîmé dans sa douleur, étendu sur le pont, était tombé dans une prostration complète, nous le vîmes tout-à-coup faire un mouvement, puis se lever comme s'il eût été mû par un ressort. Nous croyions que l'idée de se jeter à l'eau lui était revenue, et je m'approchais pour l'en empêcher ; mais il s'était arrêté subitement, écoutant et regardant autour de lui. Un léger bêlement vint frapper mon oreille ; cette fois, il n'avait rien entendu, mais je lui fis signe en lui montrant la place d'où il partait. Il s'y précipita et trouva son animal. Jacob ne fut pas plus heureux quand il recouvra Benjamin.

Nous sommes à l'entrée du Rhin ; notre vapeur s'arrête pour charger des planches. La circumnavigation des lacs, utile aux peintres à la recherche de points de vue et d'impressions de voyage, ne le serait pas moins aux apprentis négociants faisant un cours de commerce : ils en apprendraient là autant et plus que dans les livres ; et pendant le peu de temps que je circule ainsi, j'ai recueilli assez de connaissances pratiques pour débuter honorablement dans la carrière, si j'avais le goût des spéculations et voulais me faire épicier en gros. Par exemple : j'apprends ici qu'il n'est pas prudent de réunir en un même chargement une partie de planches à un troupeau de bœufs. Ces animaux, fort paisibles jusque là, commencent à lever la tête, puis à renacler, en entendant le bruit de ces planches qu'on remuait et qu'avec grand fracas on entassait sur la rive. L'un d'eux, le plus effrayé, s'élança à l'eau, et tous les autres s'apprêtaient à en faire autant. Alors il fallait voir les grimaces et entendre les cris désespérés de nos enfants d'Abraham. Ici se réveillait dans toute sa force l'instinct pastoral et le sang des patriarches ou rois pasteurs. Ils étaient restés parfaitement insensibles au désespoir de leur confrère, sans doute parce que la chèvre était sa propriété particulière, mais les bœufs étaient le bien de tous : de là leur effroi. Si les bœufs eussent fait le saut, ils les auraient certainement suivi. On suspendit le débarquement des planches en l'ajournant au retour, et l'on parvint à rassurer le troupeau, mais il n'en garda pas moins rancune contre cette marchandise qu'il regarda de travers pendant tout le reste du voyage.

Ici, le paysage est moins vivant. Le ciel est devenu nuageux, cependant le temps n'est pas mauvais.

Colline boisée, belle verdure. Notre bâtiment touche. Nous sommes près de l'entrée du Rhin. Le fleuve fait là un coude assez peu commode. Les rives sont couvertes d'arbres.

Il est écrit que nos bêtes et nos juifs bergers ne cesseront de nous donner du tintouin. Un combat s'engage entre la chèvre et un veau qui veut absolument la téter. La chèvre s'y refuse formellement. Elle serait venue facilement à bout de cet adolescent glouton, mais elle est attachée ; pourtant elle trouve moyen de lui lancer un coup de corne qui manque de l'éborgner. L'animal, simple et bonace, et qui sent peut-être qu'il est dans son tort, se contente de secouer les oreilles ; mais son maître, moins débonnaire, prenant pour lui fait et cause, veut corriger la chèvre dont le propriétaire, se fâchant à son tour, allonge un coup de pied au veau, et la guerre est prête encore à éclater en Israël.

Cependant elle se fût bornée à ces gestes et à quelques grognements étouffés, mais dans ces discordes de famille, c'est presque toujours l'innocence qui secoue la torche; c'est aussi le veau qui ranime le feu : attiré par l'odeur du lait, il revient sans cesse à la charge. La chèvre, dont on a resserré les liens, ne pouvant plus jouer des cornes, s'efforce de le mordre et finit par le saisir par la queue, et elle serre si ferme qu'on a peine à la lui faire lâcher. La gourmandise du veau parut enfin céder à cette correction bien méritée.

Ce passage du Rhin est difficile; des rochers nous entourent. Nous n'avons pas rencontré un seul vapeur; le nôtre touche encore. Cette navigation n'est pas commode; je ne sais si nous en sortirons. En décembre dernier, nous dit-on, le capitaine a été obligé, non sans péril, de se jeter à l'eau pour poser une amarre. C'est un homme de haute taille, à longue barbe noire, à l'air énergique. Son bâtiment, de deux à trois cents tonneaux, ne tire qu'un mètre soixante-six centimètres d'eau : c'est encore trop pour ces maudits passages du lac au Rhin et du Rhin au lac, qui se renouvellent ici maintes fois. Heureusement que le temps est calme. Une bonne canalisation et quelques écluses éviteraient cette perte de temps et cet ennui.

Ici, les bords du lac sont pittoresques, mais inhabités; peut-être sont-ils fiévreux. On débarque enfin nos animaux à leur satisfaction comme à la nôtre.

Nous passons sous un pont après avoir abattu la cheminée de la machine. C'est le troisième que nous passons ainsi, passage non moins aventureux que l'était naguère celui du Pont-Saint-Esprit.

En face de nous est un vaste couvent. Y travaille-t-on pour le ciel ou pour la terre, en d'autres termes, contient-il des moines ou des fabricants? C'est ce que je ne saurais dire.

A trois heures, nous approchons de Schaffouse. Jolie vue derrière et devant. Des vignes à droite sur toute la rive. A gauche, des arbres verts.

A peine débarqué à Schaffouse que je me réserve de voir au retour, je prends l'omnibus qui conduit à la chûte du Rhin. La route est très-accidentée et, en raison de la montée, demande une demi-heure. On a une très-belle vue à gauche, et je reconnais la place où je me suis promené avec mes frères en 1815. Depuis quarante-quatre ans, rien n'y est changé; mais il n'en est pas de même à la chûte: on y a bâti, il y a environ vingt ans, un bel hôtel dont le nom, Scheweizerhof, est difficile à prononcer pour un Français. Heureusement que celui du maître, F. Wegenstein, l'est un peu moins. De la maison, placée sur la cime de la montée, on domine le fleuve et le paysage.

En entrant dans le salon, je fus frappé de la magnificence du spectacle : c'est de ce point et de la terrasse qui est devant que la chûte apparaît dans toute sa splendeur. En face est le château de Laufen, nommé aujourd'hui la maison Brulrr, nom du peintre qui l'a acheté et réparé, et qui a obtenu du gouvernement l'autorisation de percevoir un franc sur chaque visiteur étranger, et soixante centimes sur le visiteur suisse. Le nombre de ces voyageurs s'élève annuellement de trente à quarante mille. Le peintre est mort. Sa veuve, devenue propriétaire, est Française et n'a qu'une fille. La dame, à sa perception, a ajouté un magasin de gravures représentant les vues et curiosités du pays, et des ouvrages qui les décrivent.

De la chambre où je suis logé, la vue est presqu'aussi belle que du salon; mais je me demande si, dans cette chambre, on peut dormir, car, à ses beautés, la chûte joint un vacarme épouvantable?

Le jardin de l'hôtel, qui s'étend jusqu'au bord du Rhin, n'est pas à cent pas de la cascade; cependant je veux profiter de ce qui reste de jour pour la voir de plus près encore, et malgré une pluie battante, je descends la côte pour gagner la rive. De là, un bateau me conduit dans le remous du tourbillon où nous nous laissons balancer, recevant à la fois la pluie et les éclaboussures de la chûte.

Guidé par un domestique, j'escalade la rampe qui conduit à la maison Brulrr. Une entrée assez mesquine mène à une petite porte sur laquelle est inscrit le nom de la propriétaire. J'y suis reçu par un homme aux cheveux et aux yeux noirs, de taille moyenne, d'environ trente ans, bien mis et bien fait, mais à la mine des plus rébarbatives, ce qui ne l'empêche pas d'être fort poli : c'est, me dit mon conducteur, l'associé et, croit-on, le gendre futur de la maîtresse du logis.

Arrivé sur la terrasse, je m'y trouve en compagnie d'un cavalier, voyageur comme moi, et d'une femme fort élégante qui paraît être la sienne. De là, l'œil plonge sur la chûte, mais trop rapproché, on en perd les alentours. De ce point, elle me semble moins belle que de l'hôtel et du bateau. Une éclaircie nous apporte les rayons du soleil couchant, et vient égayer la scène un peu sévère.

D'un autre balcon, la vue est plus étendue, et gagne ainsi beaucoup.

Pour arriver au troisième balcon, on traverse un magasin où Mme Brulrr elle-même vous fait offre de ses dessins et de ses livres. Son air est plus riant que celui de son associé.

Nous pénétrons alors dans un pavillon où des verres de couleurs nous montrent la cascade sous divers aspects : nuit, jour, aurore, hiver, etc. Le soleil, qui se révèle encore, aide beaucoup à ces effets bien connus, mais qui plaisent toujours.

Nous descendons ensuite, en traversant le jardin, à un quatrième balcon au moyen duquel la cascade est vue en dessous ; enfin à un cinquième, plus bas encore, où l'on est en quelque sorte sous la cascade même. Le bruit est intolérable, et l'on reçoit pas mal d'eau. Là, on est tout près des trois roches à pic qui partagent le fleuve, et dont l'une semble prête à tomber, ce qui ne peut manquer d'arriver tôt ou tard. La veille, le domestique qui m'accompagne a passé, en se servant d'une échelle, d'une roche à l'autre, aidé par ce même batelier qui venait de me conduire. C'était la première fois qu'on tentait ce passage, opération fort inutile et imprudente. Le grand danger était de placer l'échelle par le poids de laquelle on pouvait être entraîné.

L'éclaircie n'ayant pas duré, nous repassons le Rhin par une pluie battante. Je rentre à l'hôtel passablement mouillé, mais moins que la jeune femme que j'avais rencontrée avec son mari, et dont le parapluie ne pouvait couvrir la crinoline.

Je n'avais, de toute la journée, pris qu'un petit pain; il était six heures et demie, et je mourais de faim. On m'annonce que la table d'hôte est servie. Bonne nouvelle! Je m'y rends. Il y a peu de monde. Je me trouve en face d'une Anglaise grande et belle, pompeusement vêtue, buvant du vin du Rhin à l'aide d'une pipette et abondamment.

Un peu plus loin, deux Anglais à figures distinguées se disputaient en français avec un garçon d'hôtel pour ne payer que vingt francs une voiture qui devait, cette nuit même, les conduire à quelques lieues de là, course dont on voulait vingt-cinq francs. Nos gentlemens, avec cette ténacité anglaise qui leur fait tenir à honneur de ne pas revenir sur un mot dit, ne voulurent jamais céder; ils se remirent à table, et préférèrent rester à l'hôtel en dépensant probablement vingt francs ou plus pour cette prolongation de séjour, et ceci pour ne pas en payer cinq.

Bientôt entre une jeune femme assez petite et coiffée d'un chapeau rond à plume noire. Elle-même était vêtue de noir. Tout était bizarre dans sa toilette d'ailleurs très-fraîche et qui, quoique simple, annonçait la richesse. Mais l'étrangeté de ce costume n'était rien à côté de celle de sa figure : sans être belle, je n'en ai jamais vu de plus mobile et en même temps de plus expressive. Elle avait quelque chose de fascinateur qui attirait et qui effrayait. Ses sourcils noirs et épais, se joignant au-dessus d'yeux plus noirs encore, lui donnaient l'air, quand elle les fronçait, d'une conspiratrice ou d'une magicienne.

Un moment après, entra un jeune homme. Dès que je l'aperçus, je me dis qu'il ne pouvait être que l'amant, le frère ou l'époux de cette femme. Tout était en harmonie dans leurs costumes et leurs figures. Ils se mirent à table en parlant une langue qui m'était inconnue et que j'étais disposé à prendre pour un argot, car elle ne ressemblait à rien. En ce moment paraît un nouveau personnage de très-bonne mine. Celui-ci était un Français, on ne pouvait s'y tromper. Il connaissait la dame et son compagnon, car il les salua en français et lui répondirent de même, mais avec un accent étranger très-prononcé.

Bientôt une discussion s'élève entre ce nouveau venu et les Anglais sur le prince russe Demidoff. Le Français prétendait qu'il était fils d'un esclave ; les Anglais soutenaient le contraire, et le mari de la dame au chapeau était de leur avis. Comme, dans ma jeunesse, j'avais eu occasion de voir le père du prince actuel et que je connaissais aussi le fils dont M. de **, mon parent, avait épousé une sœur, je pris la parole. Les Anglais riaient sous cape en me voyant si bien renseigné, et ce fut un triomphe pour eux, surtout lorsqu'un autre Français, qu'à sa tournure je reconnus pour un militaire, se joignit à moi pour soutenir l'ancienne origine des Demidoff. Cet officier avait connu M. de *** et M. R**, dont il faisait un grand éloge. Il me donna sa carte, je lui présentai la mienne, et la connaissance fut ainsi faite : c'était le colonel de Prebois.

Le dîner était excellent, la conversation des plus

animées. La dame noire et son mari étaient grecs de Constantinople. Ils voyageaient en touristes; ils avaient vu la meilleure société de Paris et de l'Italie qu'ils connaissaient parfaitement. Nous causâmes jusqu'à dix heures et demie, et chacun fut se coucher.

Je passai une mauvaise nuit. Le bruit assourdissant de cette chûte qui tombe sous mes fenêtres, la pluie qui les bat de son côté, le vent qui s'en mêle, forment une cacophonie terrible qui me dit que le sommeil, s'il est possible ici, est au moins assez difficile. Cependant la fatigue l'emporte: par instant, je m'endors, mais ce n'est pas pour longtemps. Bientôt je me réveille en sursaut, croyant que la maison s'écroule et qu'une poutre me tombe sur la tête. Je m'apprêtais à gagner la campagne, quand je me rappelle que je suis dans un lit, à cent pas d'une cascade, et que la poutre n'est autre qu'un édredon trop chaud pour la saison et qui, en m'étouffant, m'a donné le cauchemar.

Le lendemain, mercredi 23 septembre, je me lève un peu brisé. Je cours à ma fenêtre pour revoir cette damnée cascade qui m'a fait tant rêver; je l'admire encore, tout en lui jetant un regard de travers, et je quitte cette chambre que je ne verrai plus. Je paie ma dépense qui, pour un bel appartement et un excellent souper, n'excède pas douze francs, ce que je trouve fort raisonnable, et je m'apprête à partir.

L'omnibus m'attendait; il me conduit au chemin de fer qui traverse le Rhin à cinquante pas de la chûte. On la voit de là sous un nouvel aspect.

Je retrouve Schaffouse, jolie ville, bien habitée, aux environs charmants, ayant une bibliothèque que je n'ai pas vue, mais riche de plus de vingt mille volumes, parmi lesquels on en compte de très-précieux. On cite comme une curiosité le fort Unnoth ou *Sans nécessité,* car il fut bâti, non pour l'agrément ou la défense de la place, mais pour donner de l'ouvrage aux pauvres. On aurait mieux fait de construire un hôpital.

Je continue ma route vers Zurich ; j'y arrive sans, avoir même vu par où je passais, car, vaincu par la fatigue d'une mauvaise nuit, je m'endormis et ne me réveillai qu'à la gare d'arrivée. Je descends à l'hôtel Billatz où j'avais déjà logé.

Mon premier soin fut d'aller aux informations sur le voyage de la duchesse, et savoir si elle était revenue de Breghenè (Autriche) où elle était allée voir ses filles qui y sont en pension. On me dit que son ministre, le marquis Pallavicino, parent éloigné de M. Pallavicino-Trivulce, est en ce moment à Zurich. Je lui écris. On me rapporte ma lettre en me disant qu'il n'y est plus. Découragé, je suis au moment de partir pour Bâle, d'y prendre la voiture de Mulhouse et de rentrer en France. Jamais visite ne m'a donné plus d'embarras.

Cependant je me ravise ; le temps étant redevenu beau, vers une heure je m'embarque sur le vapeur qui va à Rapperschwyl.

Ce que je remarque d'abord sur le pont est un gros et grand curé aux joues fleuries. Comme il avait une mise soignée et quelqu'apparence d'un abbé de cour, le croyant attaché à celle de la duchesse, je lui demande si elle est de retour à Rapperschwyl. Il me répond assez peu poliment qu'il n'en sait rien.

Notre conversation finit là, et je pus alors, sans distraction, admirer ce beau lac que je n'avais traversé que dans l'obscurité ou sous la brume. Elevé de plus de quatre cents mètres au-dessus du niveau de la mer, sa plus grande profondeur est de cent quatre-vingt-quatorze mètres. Il a trente-cinq kilomètres de longueur sur une largeur moyenne de trois. Il est certainement un des lacs de la Suisse dont les rives sont le mieux peuplées ou le plus couvertes de villes, de villages, d'usines et d'habitations de plaisance. Les stations y sont fréquentes, et le trajet de l'une à l'autre n'est souvent que de quelques minutes.

Nous voici à celle d'Oberrieden; c'est la troisième ou quatrième depuis Zurich. Des monts neigeux sont devant nous. Derrière, dans le lointain, se dessine la ville de Zurich. Sur la rive que nous côtoyons sont des vergers; des vignes admirablement cultivées descendent de la colline jusqu'au fleuve. Un vapeur, *le Républicain,* nous croise; il est chargé de soldats suisses se réunissant pour leurs exercices annuels. Comme d'habitude, une échange de saluts, de signes de chapeaux et de mouchoirs, accompagnés de vivats, se fait entre les deux bateaux.

A deux heures et demie, nous sommes à Horgen. Un peu plus loin, une presqu'île verte, qui s'avance dans le lac, s'offre devant nous; on y distingue quatre à cinq petites maisons.

La rive ici présente moins de villages, mais les habitations isolées y sont nombreuses. Entourées de vignes, elles sont d'ordinaire placées sur de riantes collines et cultivées quelquefois jusqu'à la hauteur que couronnent les sapins dont la teinte noire contraste avec la verdure tendre des vergers. A l'horizon, plus haut encore et dominant le tout, sont les vraies montagnes arides ou neigeuses.

Ici, mon admiration est distraite par une discussion politique qui s'est élevée entre quelques voyageurs loquaces. Ils parlent du congrès qui est réuni en ce moment à Zurich et qui se tient à l'hôtel Baur, le plus confortable de la ville. Nos babillards prétendent que les membres dudit congrès n'y sont que pour y dîner et dormir, et que c'est pour cela que le congrès ne finit pas.

A trois heures, nous sommes à la station de Wadenschwyl. Tout est en *wyl* sur ce lac, et d'une prononciation qui n'est pas toujours commode pour nos langues françaises qui ne sont agiles que pour l'idiôme national. On n'a pas encore expliqué pourquoi telles provinces ont une affection particulière pour certaines terminaisons. En France, on reconnaît souvent l'origine d'un homme par la dernière syllabe de son nom : les noms finissant en *val*, en *ville*, en *court*, soit de familles, soit de lieux, se rencontrent partout en Normandie et en Picardie; ceux en *ac* ou en *iac*, en Gascogne; ceux en *un* ou en *on*, en Artois, en Boulonnais, etc.

Un grand bois est devant nous. Les maisons descendent jusque dans l'eau. Je remarque un clocher absolument en forme de clysopompe, genre d'architecture qui n'a rien pris des Grecs. Un pré, qui touche à une fabrique, est entièrement couvert d'étoffes brillantes, mises là pour sécher. L'entourage de verdure fait encore ressortir l'éclat de cet immense tapis.

La côte s'élève. Je vois labourer sur une pente

abrupte, et je ne m'explique pas comment l'homme, la charrue et les bêtes ne roulent pas dans le lac.

Voici Richterschwyl. Ici on traverse le lac en ligne droite pour toucher à la station qui est en face : c'est le point où le lac est dans sa plus grande largeur, quatre kilomètres. Il est réellement beau en cet endroit. Nous arrivons à Stœfa où nous allions débarquer quelques marchandises : c'est un village assez triste. Nous y prenons un passager avec la figure duquel on en ferait deux. Les Suisses ont de grands traits, souvent trop grands; cela nuit à la beauté des femmes.

Encore une station, et nous serons à Rapperschwyl qui est au fond du lac dont les montagnes neigeuses terminent l'horizon.

Un cortége défile sur la rive; une croix marche en tête : c'est un enterrement. Ceci me fait oublier le paysage, mes réflexions sont ailleurs.

CHAPITRE XIV.

—

Le château de Mayenberg. — La duchesse de Parme.

—

Je débarque à quatre heures à Rapperschwyl. On m'apprend que la duchesse y est arrivée la veille, et qu'elle a reçu deux Français qui doivent y retourner le soir. Je lui écris. Comme j'allais envoyer ma lettre, le valet de chambre de la duchesse, qui se trouvait là, s'est offert de s'en charger, ce que j'acceptai.

Je me rase par précaution, et je fais bien, car ceci m'eût cruellement embarrassé plus tard. Ma barbe faite, je vais revoir ce pont qui traverse le lac et le plus long qui soit peut-être. Tout en bois, il n'est pas luxueux, mais il est utile, et l'on a de là une vue admirable.

Cependant je désirais fort obtenir mon audience pour le lendemain de bonne heure, afin de pouvoir gagner Bâle le même jour et la France le surlendemain, car j'en avais assez des voyages, et des lacs par-dessus la tête. On s'habitue très-vite à ce qui est beau, et à l'admiration succède l'indifférence.

J'ai toujours sous les yeux la Grecque d'hier ; elle n'était pourtant ni belle ni même jolie, mais il est des figures qui vous poursuivent et qu'on se rappelle sans cesse, quoi qu'on fasse. Celle-ci est vraiment de caractère : ses sourcils qui se joignent, ses cheveux noirs comme l'aile du corbeau et où scintillent quelques perles d'aciers moins brillantes que les éclairs de ses yeux, son chapeau rond de feutre, à bord plat relevé d'un côté, avec une plume noire qui lui tombe sur l'oreille, son costume sombre, son entrée silencieuse, suivie bientôt de celle de son mari à l'air non moins étrange et mystérieux, tout cela fait penser : on croit voir une mise en scène et le prologue d'un drame.

Cependant ils ont parlé de la duchesse de Berri et d'autres hautes notabilités comme étant de leurs connaissances, et ils les ont vues certainement, je ne saurais m'y tromper, aux détails qu'ils en donnent.

A cinq heures et demie, de mes fenêtres ouvertes sur le lac, je vois un beau coucher du soleil. Une allée d'arbres le masque sur un point, mais en coupant ses rayons qui se reflètent dans l'eau unie du lac, elle en double l'effet : le soleil est coupé en deux, il est répété dans l'eau, on voit ainsi trois soleils.

J'étais au plus beau de mon extase, quand le maître de l'hôtel vient me demander si je veux dîner avec deux Français logés chez lui, ceux-là même qui doivent aller passer la soirée chez la duchesse. J'y consens d'autant plus volontiers que la faim me pressait : je le prie donc de hâter l'heure de la soupe. Il me dit que le dîner avait été retardé parce que mes compagnons de table avaient désiré faire maigre, car en Suisse c'était jour d'abstinence, et me demanda si cela ne me contrariait pas. Je lui répondis que je me conformais toujours aux usages du pays où j'étais, et que je ferais comme les autres. Là-dessus, il sortit, et je retournai à mon soleil. Son coucher devenait plus magnifique que jamais; tout semblait d'or. Ce qui m'étonnait, c'était de ne pas voir, comme dans bien d'autres contrées, des oiseaux sur le lac, et de ne pas entendre chanter sur ses rives. Est-ce que les bateaux à vapeur les épouvantent et leur ont fait déserter le pays, ou bien est-ce qu'on préfère ici les manger que de les entendre et les voir? Je me rappelle qu'en descendant le Saint-Gothard, on nous en donna une fricassée avec de la polente.

Cependant l'annonce du dîner ne vient pas. Est-ce que mes gens au maigre se sont décidés à jeûner tout-à-fait? Il va être six heures, mon estomac me le dit de reste. Je prends mon agenda et mon crayon : écrire me fera prendre patience. Crier après un cuisinier ne sert qu'à lui faire brûler ses sauces sans qu'il en aille plus vite. J'écris donc; c'est la première fois que, depuis dix jours, je puis tranquillement tracer des notes.

Enfin j'entends monter l'escalier : c'est le domestique qui vient me dire qu'on est à table. J'y trouve mes deux Français qui sont MM. Mercier de la Combe frères, âgés de vingt-trois à vingt-six ans, le gros curé que j'avais vu à bord et un autre ecclésiastique, probablement les promoteurs du maigre suisse.

La soupe était servie et j'en portais à ma bouche la première cuillerée, quand on me remet une lettre et une carte de visite. La lettre était ainsi conçue :

>   « Du château de Mayenberg, le 23 septembre 1859,
>   « cinq heures après midi.

« S. A. R. Madame la Duchesse me charge de vous
«. dire qu'elle vous recevra ce soir à six heures et
« quart, heure de son dîner.

>   « Le comte Douglas-Scotti.

« A M. J. B. de Crèvecœur de Perthes, hôtel du
« Lac, à Rapperschwyl. »

Était-ce une invitation à regarder dîner ou à en
manger ma part? Telle était la réflexion que faisait pi-
teusement mon appétit en regardant la soupe servie,
quand, retournant la carte de visite portant ce nom : *le
marquis Pallavicino* (c'était le ministre auquel j'avais
écrit), je trouvai ces mots : « A M. Boucher de Crève-
« cœur de Perthes, qui recevra avec la présente une
« invitation à la table de S. A. R. pour ce soir. » Ceci
résolvait la question, mais l'invitation était pour six
heures un quart, il en était six, et si j'avais fait ma
barbe, il me restait à m'habiller de pied en cap et faire
deux kilomètres à pied, car, à cette heure, pas d'espoir
de trouver une voiture.

La Providence vint encore à mon secours. Le ministre, me dit-on, était là, et on me le montre dans la
salle où des dames, avec lesquelles il causait, dînaient
à une autre table. Je fus à lui, le remerciai de sa visite
et lui posai mon embarras. Il me dit de venir comme
j'étais. Je m'y refusai. Je fis un saut jusqu'à ma
chambre, et en un quart-d'heure j'étais en habit, linge
blanc, et paré de la tête aux pieds. Il fut surpris de
ma métamorphose et me dit qu'il regrettait de ne pas

avoir une place à me donner dans sa voiture où étaient déjà deux dames, le comte Boselli et lui. Puis, jugeant qu'il me serait impossible de trouver un moyen de transport et d'arriver à temps, il se ravise; il fait monter les dames dont l'une était sa fille et l'autre la comtesse Boselli, se place au milieu sans trop s'inquiéter des crinolines, me fait asseoir en face avec le comte Boselli, et nous partons gaîment au grand trot.

Le ministre, qui peut avoir de quarante-cinq à cinquante ans, est grand, bien fait, de belle figure, très-distingué, parlant au mieux le français et raisonnant juste. Nous causons des affaires du jour et du marquis Giorgio Pallavicino-Trivulce.

Arrivés vers six heures trois quarts, nous entrons dans un salon où sont déjà quelques dames. La duchesse paraît bientôt. Elle est encore engraissée, mais toujours belle. Elle me fait un gracieux accueil. Nous causons du passé. Elle me présente ses deux fils, dont l'aîné est le duc Robert. Il avait trois à quatre ans quand je l'ai vu à Venise; il doit aujourd'hui en avoir dix à douze. Il est blond, bien constitué, et a une figure intelligente. Son frère, plus jeune, lui ressemble. Ils sont élevés en enfants de famille, ayant la gaîté de leur âge, affables et pas grimaciers. J'en fais compliment à la duchesse en lui disant que je ne la plains plus, parce que Dieu lui a fait un don bien autrement enviable que tous les royaumes du monde : une belle et bonne famille.

Elle regrette que je ne voie pas ses filles, de la beauté desquelles elle est fière. Elle en a deux. Je les avais vues à Venise. Ce sont les aînées. Elle les a mises en pension à Bregens, petite ville du Tyrol autrichien, sur le lac de Constance. « J'ai eu peine à m'en séparer, me dit-elle, mais il fallait opter : j'ai préféré élever mes garçons. J'ai commencé moi-même leur éducation, et j'ai bien répété des *ba be bi bo bu.* »

Je lui dis qu'en France comme en Italie, l'opinion publique — et c'est vrai — était pour elle, et que si on la soumettait au suffrage universel, elle aurait aussi ses millions de voix. On rapporte que lorsqu'il fut question de marcher sur Parme, nos soldats disaient qu'ils n'étaient pas venus en Italie pour faire la guerre à une Française.

On annonce le dîner. La princesse me fait placer près d'elle. De l'autre côté est le comte Boselli. En face, le jeune duc Robert, ayant à sa gauche une dame, et à sa droite son précepteur, puis l'autre enfant. A ma gauche est une dame d'honneur, et près d'elle le ministre, puis Mme Boselli, le comte Scotti, le comte Simoneto, une autre dame et un abbé. Il n'y avait de Français et d'étranger que moi.

La duchesse me dit : « Vous allez faire un triste dîner; il est maigre, et je n'ai pas de cuisinier : ce sont deux valets de pied qui font ma cuisine. »

On débute par une soupe à l'ognon *à la paysane :* c'est ainsi qu'elle la nomme. Le dîner consiste en saumon, en pommes de terre, un plat d'œufs, un plat de croquettes de riz, quelques fruits pour dessert, point de vin d'extra, du café, pas de liqueurs.

Ma conversation avec la duchesse dura tout le dîner, et sur bien des sujets. Elle connaît la princesse de Solms, au moins de réputation, et, quoique de la famille Bonaparte, elle la défend. Je lui parle du comte Gilbert Borromeo qu'elle connaît, du marquis Giorgio Pallavicino et de la marquise, et du courage qu'elle a montré en accourant à son château près duquel s'est donnée la bataille de Montebello, en y recevant et soignant elle-même les blessés sans distinction de nationalité.

A son grand plaisir, je lui rappelle les jours de son enfance, notamment ceux qu'elle passait annuellement à Dieppe avec sa mère qui en aimait tant la plage, les, bains et les fêtes. Elle est touchée presqu'aux larmes de la fidélité des Dieppois qui, bien des années après la révolution de 1830, avaient conservé vide la place où elle s'asseyait dans leur salle de bal. Un ruban à ses couleurs la défendait de l'envahissement des indiscrets. Il faut dire, à l'honneur de Louis-Philippe et de sa famille, que lors des fêtes qui leur furent données depuis dans cette même salle, ils voulurent aussi que cette place fût respectée.

Elle n'a pas oublié non plus les promenades dont elle faisait partie et où j'avais l'honneur d'accompagner sa mère, et les fouilles archéologiques où elle voulai assister et même prendre part.

Un tiers de siècle et bien des évènements ont passé sur ces circonstances si futiles : d'enfant, elle est devenue femme, reine et mère, et moi un vieillard, et pourtant, ni chez elle ni chez moi, aucun de ces souvenirs ne s'est effacé.

Je lui parle ensuite d'incidents moins anciens, de son petit royaume de Parme que j'avais vu avant elle et lorsqu'encore j'étais presqu'enfant, car c'était en 1806. Parmi les curiosités historiques de la bibliothèque de Parme, je lui en citai une qui avait son mérite et qu'on lui avait laissé ignorer : c'était un croquis de carte tracé par Christophe Colomb avant la découverte des terres devenues depuis le continent d'Amérique, et telles qu'il les supposait. Elle appela le précepteur de ses enfants, qui avait été son bibliothécaire, lequel lui confirma ce que j'avançais, en assurant que cette carte existait encore et qu'elle était précieusement conservée.

Après dîner, elle me parla de sa position et de l'avenir de ses enfants. Je tâchai de lui donner quelqu'espérance. En effet, dans cette spoliation italienne, il n'y avait qu'elle dont la France eut plaint le sort. On la voyait avec peine ainsi dépouillée de son petit Etat qu'elle dirigeait sagement, paternellement et libéralement, tenant à rester Française en n'acceptant pas le patronage de l'Autriche ni l'asile qu'elle lui offrait. L'opinion était que l'Empereur partageait à son égard le sentiment général; on parlait de la voiture qui avait servi au mariage de Napoléon Ier avec Marie-Louise, qu'elle avait offerte à Napoléon III, et qu'il avait, dit-on, acceptée; on croyait enfin que s'il n'était plus possible de lui rendre son Etat, on pouvait lui en donner l'équivalent. A ceci elle me répondit qu'elle accepterait cette indemnité en terres, pourvu qu'on ne les prît à personne. Je lui demandai l'autorisation d'en dire un mot à Paris. Elle me la donna, et je l'ai dit.

Dans la soirée, elle me parla science. Elle savait quelque chose de mes recherches archéogéologiques et de mon livre des *Antiquités antédiluviennes,* de l'attaque des journaux puritains, de la défense de mon livre par le cardinal Wiseman dans un sermon prononcé à Londres en juin 1859 : « Cela ne m'étonne pas, dit-elle, c'est un homme instruit et éclairé. »

Il fut question d'un évêque, celui de Bergame, je crois, qui avait mis en interdit une église parce qu'un laïc y avait prononcé un discours politique : « J'ai, dans un cas pareil, dit la duchesse, fait saisir et conduire l'orateur au corps-de-garde pour avoir troublé l'ordre public, et je ne donnai pas d'autre suite à l'affaire. » — Ici elle avait fait preuve de plus de sens que le prélat.

A propos d'une autre circonstance, je lui dis qu'elle s'était montrée Française : « Je l'ai toujours été, me répondit-elle, et je le suis encore. »

Jusqu'ici la conversation avait eu lieu en français. Quelques dames italiennes se trouvant là, on causa en italien, et je me crus revenu aux jours de ma jeunesse : pendant des années, je n'ai guère parlé d'autre langue.

La soirée finit par une lecture que fit la duchesse, et elle y excelle : son organe est sonore, sa prononciation nette et pure.

A dix heures, elle se retira. Je retournai à Rapperschwyl avec le comte Boselli et le comte Simoneto auquel je parlai des Simonet ou Simoneti de France, dont une, ma cinquième aïeule, était nièce d'un cardinal. Il y avait eu aussi un cardinal dans sa famille : était-ce le même? C'est ce qu'il ne savait pas, ni moi non plus.

CHAPITRE XV.

—

Retour à Rapperschwyl. — Zurich. — Bâle,

—

Rentré à l'hôtel, je me couche très-satisfait de ma journée.

A mon réveil, à six heures, mon premier soin est de m'informer quels sont les moyens de départ : un vapeur allant à Zurich doit toucher au port à sept heures et demie. On me présente ma carte ; elle ne s'élève qu'à trois francs. Ceci m'étonne : j'ai déjeûné la veille, et je me suis assis au dîner. Je n'ai pas mangé, il est vrai,

> Mais la règle invariable
> Est qu'on doit payer l'écot
> Dès qu'on a touché la table
> Et flairé l'odeur du rôt.
> Tel est l'arrêt mémorable
> Du code sacré du pot,
> Qu'en l'âge d'or du fricot
> Signa de sa main royale,
> L'an mil, en sa capitale,

Le défunt roi d'Yvetot,
Ce Salomon du grelot,
Dont la sagesse profonde
A chacun donna son lot.
Haut justicier sans billot
Qui, pour le malheur du monde,
Est mort huit cents ans trop tôt.

J'insiste donc, par conscience d'abord, puis par le respect spécial que je porte à ce bon petit roi dont j'ai toujours respecté les ordonnances à l'égal des lois de Solon ; mais j'eus beau dire, je ne pus convaincre mon hôte, et il ne voulut recevoir que le montant de la carte.

Je retrouve à bord MM. Mercier de la Combe, jeunes gens instruits et d'excellentes manières. Ils me parlent de leur voyage, notamment d'Interlacken, situé entre le lac de Thun et celui de Bienne que je me disposais à visiter. L'impératrice-mère de Russie y avait passé trois semaines, logée à l'hôtel du Belvédère, sous le nom de comtesse Romanoff. Parmi les officiers qui l'accompagnaient, étaient les princes Orloff et Gargarin. La duchesse de Parme est allée la voir, mé dit l'un de MM. de la Combe ; on en vint à causer de ses États confisqués, puis de Plaisance et de ses fortifications : « Si jamais j'y retourne, disait la duchesse, je ferai démolir les fortifications. — Vous ferez bien, dit la grande-duchesse Olga, les forteresses sont toujours contraires à la liberté des peuples. »

J'apprends aussi par MM. Mercier ce qu'était la landwer suisse : c'est une garde nationale qu'on peut mobiliser au besoin. C'était dans cette troupe que l'Empereur avait servi avec le maître de l'hôtel du Lac. Ceux qui en font partie sont tenus à faire, chaque

année, quinze jours de camp. Les nombreux détachements que nous avions rencontrés s'y rendaient. Les
bateaux à vapeur et les wagons des chemins de fer en
étaient remplis. Partout, en ce pays, on nous cite des
circonstances de l'enfance de Napoléon III : c'est à
Notre-Dame-des-Ermites, à quatre lieues de Rapperschwyl, qu'il a fait sa première communion.

A dix heures, nous sommes à Zurich que je revois
pour la quatrième fois. Je manque d'un quart-d'heure
le train pour Bâle ; le suivant ne part qu'à une heure,
c'est donc trois heures à attendre.

Pour les employer, je vais revoir la ville. Je suis le
quai où est une boucherie propre, saine et bien construite. Non loin de là, je me trouve sur un pont en bois,
large de quarante pas, sur lequel est établi un marché
aux fruits. J'y achète des poires que je mange séance
tenante en admirant le point de vue et étant moi-même
admiré ou plutôt envié par une demi-douzaine de gamins qui s'étaient arrêtés pour me voir manger. Je les
invite au festin et partage avec eux ; mais ils avaient
véritablement des gosiers suisses : quoique les poires
fussent d'une bonne dimension, elles y passaient comme
des pilules. Ce fut à moi de les admirer à mon tour : je
n'avais jamais vu d'escamoteurs si lestes à faire disparaître la muscade. C'eût été dommage d'interrompre un
si bel exercice. J'achète une seconde provision qui
disparaît comme la première, puis une troisième qui a
bientôt pris le chemin des deux autres. Il était temps
d'arrêter : le ventre de mes nouveaux amis ressemblait
au tonneau des Danaïdes. Je m'éloignai donc pénétré
d'admiration. Je connaissais le proverbe : *Boire comme*

un Suisse, mais je ne savais pas que leurs jeunes héritiers avalaient les poires comme des grains de raisin, et je me demandais si ce n'était pas un procédé national qui leur était prescrit pour s'élargir le gosier.

Quoi qu'il en soit, ce régime ne paraît pas leur être préjudiciable : tous les enfants sont ici bien constitués, propres, bien vêtus, et ne sont ni insolents ni destructeurs comme dans beaucoup de pays, notamment le nôtre, où ils semblent tenir un peu des Huns et des Vandales. Quant à être gourmands, ils m'en ont bien l'air, mais quel est l'enfant qui ne l'est pas? Le bon Dieu l'a créé tel, et il a eu raison : que serait-il devenu, le malheureux, s'il ne naissait pas vorace? Le premier acte du nourrisson est de chercher le sein de sa mère ; quand il l'a trouvé, de s'en emparer, et de donner un coup de griffe à celui qui le lui dispute.

Lorsque je fus quitte de mon cortége dévorant, ce qui arriva tout naturellement dès qu'ils n'aperçurent plus rien ni dans mes mains ni dans mes poches, je repris mon examen de la perspective : des montagnes formaient le fond du tableau, puis se déployait la nappe argentée du lac. Devant moi coulait la Limmat qui en sortait pour passer sous un premier pont. Deux clochers à droite. De trois côtés, des maisons. A gauche, un grand palais où est la bibliothèque communale. En me retournant, un autre pont, un quai, un édifice à colonnes.

J'en étais là de mon examen, quand quelqu'un vint à moi : c'était M. Ferdinand Keller, l'aimable et savant président de la Société des Antiquaires de Zurich, qui me proposa une promenade, puis une nouvelle visite au musée et à la bibliothèque. C'est ainsi que, croyant mal passer mon temps, la rencontre de M. Keller me le fait paraître trop court. Nous voici donc cheminant. Il me montre d'abord une pierre découverte dans le pays et portant une inscription annonçant que Rapperschwyl faisait la frontière des Gaules vers la Retia, payant deux et demi pour cent pour droit d'entrée. Nous parcourons ensuite plusieurs quartiers de la ville que je n'avais pas vus et qui sont précisément les plus beaux,

Nous passons devant l'orphelinat, hospice où l'on met tous les enfants mâles abandonnés. Ils sont soldats de droit. Je les vois sortir en bonne tenue, tambours en tête.

Je revois le musée qui est, ainsi que je l'ai dit, fort riche et parfaitement classé.

A la bibliothèque, je suis gracieusement accueilli par le conservateur. J'y retrouve le plan en relief de toute la Suisse, travail remarquable dont l'exécution a demandé beaucoup de temps et d'études. Cette bibliothèque possède quatre-vingt-cinq mille volumes; elle a ses revenus et n'appartient pas au gouvernement. La collection Simnaler, de plusieurs centaines de volumes in-folio, y est fort consultée des savants. Au nombre des curiosités, on y voit le sceau d'or de Charles-le-Téméraire, une *Bible* imprimée à Zurich en 1465, des manuscrits des vii⁰ et viii⁰ siècles, une suite de portraits des bourgmestres, un beau choix d'armes anciennes, ainsi que des autographes, parmi lesquels en est un de notre Henri IV, etc. Zurich est en outre renommé pour les savants qu'il a produits et qui l'ont fait l'Athènes de la Suisse.

J'avais, en si bonne compagnie, tout ce qu'il me fallait pour employer le reste de la journée et bien d'autres, mais les trois heures allaient finir, et le moment du départ approchait. Je prends congé de ces messieurs, et une voiture me conduit à la gare. Le bureau n'était pas ouvert; on m'avait trompé sur l'heure du départ.

Je m'assieds au bord d'un courant d'eau qui arrosait le jardin. Deux petits poissons s'y disputaient un fétu de paille. Qu'en voulaient-ils faire? Je ne le devinais pas, mais ils le savaient bien, eux, car ils y mettaient un acharnement incroyable: c'était Achille et Hector se disputant le corps de Patrocle. Une perche, qui survint, avala à la fois les combattants et le sujet du combat.

J'entrai dans le salon d'attente. Deux Allemands, parlant français ou croyant le parler, s'y égayaient par des plaisanteries tudesques qu'ils arrosaient de bière.

A une heure et demie, nous partons pour Bâle. Un jeune homme est en face de moi; à en juger par ses traits, il est fumeur et buveur. Tout ce qui m'entoure dans le wagon a l'air plus que bourgeois. Une seule femme assez laide, assise en face de moi, fait contraste; elle a dans sa laideur quelque chose de fin et de sympathique.

Nous voici à une station dont je ne puis lire le nom. A droite, coule la Limmat. A côté de moi vient se placer une femme qui aurait bien figuré dans les compositions de Holben. Son profil est absolument une tête de mort. Elle nous quitte bientôt. Mes autres compagnons n'avaient fait qu'une station.

Il est deux heures et demie. Campagne pittoresque.
A droite de la rivière, des collines; très-joli paysage.
Les voyageurs abondent, mais non aux premières où il
m'arrive souvent d'être seul. On y va peu en Suisse;
on préfère les secondes qui coûtent moins et, quant au
confortable, diffèrent peu des premières.

Station de Schinznach; belle campagne à droite.
Deux autres stations dont j'ai oublié les noms.

A trois heures, j'entends nommer Rapperschwyl.
Est-ce celui d'où je viens? Probablement, car on n'en
connaît pas deux. Ce n'était pas la peine d'en partir.
Voilà ce qui arrive quand on ne sait pas son chemin et
qu'on ne consulte ni cartes ni gens. Au surplus, je me
console de cette perte de temps : je connaissais le lac
et ses bords, je n'étais pas fâché d'avoir vu l'intérieur
des terres.

Nous avons, à gauche, des collines boisées. Arrivent
dans mon wagon deux nouveaux voyageurs : un homme
de soixante ans, à figure moutonne, belle, mais sotte,
et une femme très-parée, si préoccupée de sa toilette
qu'elle ne s'aperçoit pas même que nous sommes là.
Elle s'étale et se drape absolument comme si elle eût
été devant son miroir dans son cabinet de toilette. Elle
va sans doute à la noce.

Le soleil est brûlant; je n'ai pas eu plus chaud à
Naples.

A trois heures et demie, nous sommes à Aarau, ville
de cinq mille âmes, capitale du canton d'Argovie, et sur
la rive droite de l'Aare. Sa bibliothèque, dit-on, est
riche de quatorze cent cinquante volumes manuscrits
in-folio sur l'histoire de la Suisse, et qui ne sont que la

continuation de la même histoire. Si la chose est vraie, peu d'empires peuvent se vanter d'en avoir autant. Peut-être aussi ces volumes ne sont-ils que des cahiers.

Nous traversons un long tunnel qui nous mène à un autre plus étendu encore, car on lui donne deux mille quatre cent quatre-vingt-seize mètres de longueur : c'est beaucoup. Le fait est qu'il m'a paru être le plus long de ceux que j'ai traversés. Il nous conduit à Lœufelfingen. Dans l'intervalle de ces tunnels, on jouit de très-belles vues.

Les environs d'Aarau sont charmants. Ceux des stations qui suivent ne le sont pas moins, mais je n'ose citer les noms, de peur de les estropier. C'est qu'en vérité ils sont inintelligibles pour nos oreilles gauloises, et pas du tout aisés à copier. Aussi les cartes, les guides, les livres de postes et les passants à qui on les demande, les écorchent-ils à qui mieux mieux. Schœneuwerd, entr'autres, est écrit de cinq à six manières. — Si je ne me trompe, c'est après Aarau, à Olten, que l'on change de train.

Nous passons très-vite les stations de Sommereau et de Lausen, ainsi que celle de Liestal, chef-lieu de district, et qui a trois mille habitants.

Partout le pays est bien accidenté ; de hautes collines boisées offrent, sur leur pente, des vignes et des arbres fruitiers. Les stations se succèdent de cinq minutes en cinq minutes.

J'ai maintenant pour voisine une très-jolie blonde ; mais le soleil est chaud, et elle craint pour son teint. Entre moi et ces belles campagnes que j'aime tant à admirer, car elles annoncent l'industrie, le bien-être et la liberté, elle a mis les stores, puis les rideaux, et comme ce soleil indiscret pénétrait par les plis, elle y a ajouté son ombrelle : bref, nous sommes au secret. Heureusement pour ma curiosité que nous n'avons pas rencontré plus tôt cette beauté amie des ténèbres que je maudis de tout mon cœur.

Après une ou deux stations, nous sommes à Bâle.

Je descends à l'hôtel de la Tête d'Or. Ma belle voisine blonde, la dame à l'ombrelle, y vient aussi. On la prend pour ma femme, et l'on veut absolument que nous logions dans la même chambre où il n'y a qu'un lit : il est vrai qu'il est grand. Elle en rit comme une folle, et demande une autre chambre. Quant à moi, je ne veux pas du grand-lit. Alors on me conduit, toujours avec la dame, dans une chambre où il y a deux lits. Elle rit plus fort. Le garçon ne rit pas ; il prétend qu'il n'y en a plus d'autre, et qu'il faut nous contenter de l'une ou de l'autre. Je propose à la dame de nous accommoder de toutes les deux, et je la prie de choisir. Elle prend celle au grand lit, et me laisse celle où sont les deux.

Je m'y établis donc, et je demande mon bagage. Je ne reconnais pas celui qu'on m'apporte. Le garçon prétend que c'est le mien ; d'ailleurs, qu'il ne reste que celui-là, ce qui vaut mieux que rien. Il ajoute que c'était probablement celui d'un voyageur qui venait de partir et qui s'était trompé.—La consolation était minime. Où rattraper ce voyageur ? J'étais dans cette perplexité, lorsqu'une voiture se fit entendre : on venait de s'apercevoir de l'erreur, et son auteur involontaire, tout aussi inquiet que moi, venait la réparer.

Je l'engage à monter chez moi pour reconnaître son

bien, ce qu'il fait. Ma voisine, attirée par le bruit, était accourue, et quand elle vit que le réclamant qui m'avait laissé ses habits atteignait à peine à mon épaule, ses rires recommencèrent de plus belle. En effet, l'échange était tout à mon préjudice : il eût pu faire raccourcir mes habits, mais il m'eût été difficile de faire allonger les siens.

Bien des années s'étant écoulées depuis mon dernier voyage à Bâle, j'étais curieux de revoir les lieux témoins des impressions de ma jeunesse. La ville avait encore cette même propreté qui m'avait frappé quarante-cinq ans avant, mais elle ne me parut pas plus animée : même tristesse, même solitude. Ce n'est pas que la ville soit déserte, on y compte vingt-huit mille habitants, mais ces habitants aiment à rester chez eux; il semble qu'ils craignent de salir leurs rues en s'y promenant, et pour y prendre l'air, il faut absolument que quelques affaires les y contraignent. Les femmes surtout sont les plus casanières du monde, et celles des haréms sont des coureuses à côté.

Installé dans ma chambre, je demande quelle est l'heure de la table d'hôte. On me répond qu'il n'y en a pas. Mauvais signe : j'étais certain d'être mal et chèrement, car tel est en général le régime des grands hôtels sans tarif ou sans carte indiquant les prix. Un hôtel sans carte est un Etat sans charte, dont l'hôtelier est *il re netto*. Souverain despotique, son hôte est à sa discrétion dès qu'il a passé le seuil et goûté le pain et le sel, et il y est prisonnier jusqu'a ce qu'il ait payé une rançon du chiffre de laquelle le maître du lieu est l'arbitre souverain et sans appel.

En attendant qu'on me servît, j'allai revoir le pont du Rhin. C'était la sortie des ateliers; l'animation qui y régnait faisait contraste avec la solitude des autres quartiers. Le Rhin, en cet endroit, est vaste et beau. La vue est grandiose, et un coucher du soleil splendide l'embellit encore.

Tandis que je considérais ce grand spectacle, j'en servais moi-même à une petite fille de six à sept ans, qui, plantée devant ma personne, ne me quittait pas des yeux. Ce n'était pas une mendiante : elle était bien mise et ne disait mot. Ce n'était pas non plus une idiote : elle avait une mine aussi éveillée qu'intelligente. Que voyait-elle d'étrange dans ma figure ou mon costume? Je ne saurais le dire, mais ses regards ne me quittaient pas d'un instant, et quand je m'éloignai, ils me suivirent encore tant qu'elle put m'apercevoir. Dans les très-jeunes enfants, on en rencontre souvent qui sont pris tout d'un coup de cette curiosité bizarre qui tient de la fascination. Ils ne vous ont jamais vu, et il semble qu'ils cherchent à vous reconnaître. Leurs yeux, tout ouverts et immobiles, attachés sur vous, ne peuvent plus s'en séparer. On n'aperçoit dans leurs traits rien qui annonce la peur, c'est plutôt le sentiment contraire, une sorte d'attraction, mais qui ne leur donne pas non plus l'épanouissement du plaisir : c'est un air méditatif que votre vue leur inspire. Ils n'essaient ni de vous caresser ni de vous frapper; ils vous considèrent en gardant une immobilité et un mutisme complets. Ceci se voit sur-tout chez les enfants encore à la mamelle ou de deux à trois ans, moins souvent dans les plus âgés, et rarement lorsqu'ils ont l'âge de raison : aussi cela m'étonna dans une fillette aussi grandelette.

Les animaux sont également sujets à ces accès. J'ai vu des chiens me regarder aussi fixement, immobiles et comme fascinés, pendant un temps très-long. Dans les pays où les chevaux, demi-sauvages, vivent en liberté par troupeaux, on en verra souvent s'en détacher pour venir examiner un passant. Quelquefois le troupeau entier suivra. Dans nos pâtures, vous avez pu remarquer cette curiosité des poulains. J'ai cité ailleurs une jeune fouine qui, pendant plusieurs semaines, se montra dans un interstice des bois rangés en pile qui se trouvaient près d'un banc sur lequel je m'asseyais chaque matin en me déshabillant pour me baigner. L'animal ne se trompait pas d'heure, et je n'étais pas plutôt assis que je le voyais arriver. Il passait sa tête entre deux bûches à deux ou trois pas de moi, et là, comme pétrifié, ses regards ne me quittaient plus. Qu'est-ce qui l'attirait ? Je n'en sais rien. Me prenait-il pour une proie ? Ce n'est pas probable : ses yeux paraissaient plutôt caressants que menaçants ; ils avaient ce même air étonné et songeur que j'avais observé chez les enfants.

Une autre fois, étant assis au bas de la rive de la Somme, je trouvai un jeune rat d'eau dans cette sorte d'extase. Les yeux attachés sur les miens, il n'était pas à deux pieds de moi. Les mouvements même que je faisais ne l'effrayaient pas, et j'aurais pu le saisir à la main. Je me levai doucement, il me regarda faire, et ne rentra dans son trou que lorsqu'il ne vit plus mon visage.

Je suis tenté de croire que c'est l'éclat des yeux qui

les attirait, comme le miroir fait venir les alouettes,
car lorsque je les regardais fixement, ils semblaient
redoubler d'attention et éprouver une sorte de satisfaction, de même que l'enfant à qui on fait voir une
allumette enflammée.

J'ai cru remarquer, dans les cirques équestres et chez
les dompteurs d'animaux, que leurs regards avaient
une grande influence sur leurs élèves, et que c'était par
l'action de leurs yeux qu'ils en devenaient maîtres. Il
est certain que quand les parents savent s'en servir
comme avertissement ou menace, ils agissent beaucoup
sur les enfants qui, à certain clignement de l'œil, commencent à crier, bien que personne ne les touche.

On dîne sans doute de bonne heure à Bâle, car mon
dîner, lorsque je le demandai, prit le titre de souper.
Le salon, mi-café, mi-restaurant, où l'on me servit, était
fort beau. Les domestiques, en habit noir et cravate
blanche, avaient une mise irréprochable. Il en était
autrement du menu : la misère des mets contrastait
tristement avec le luxe du salon. Ce menu consistait en
une sorte de boudin, un civet de quelque bête incom-
prise et certainement féroce si j'en juge à sa dureté, et
le reste à l'avenant.

Le salon était d'ailleurs dans tout son éclat; les
convives y étaient en toilette. Des Anglaises y formaient la majorité. Un petit groupe était assis près
d'une fenêtre donnant sur le Rhin et devant une table
couverte de potiquets, accompagnement ordinaire du
thé, et sans lesquels les Anglaises ne pourraient ni le
faire ni le boire. A une table voisine est un homme à
lunettes, très-laid; ses traits communs et même gros-

siers contrastent fort avec sa mise soignée et la beauté
d'une femme qui semble être la sienne, et d'une jeune
fille ressemblant à sa mère.

Dans ce moment, une entrée presque théâtrale attire
tous les regards : ce sont deux jeunes femmes à crinoline monstre, recouverte d'une robe de soie gris-perle,
ornée de manches les plus longues et les plus larges
que j'aie jamais vues. Ces beautés phénoménales auraient fait fureur à Paris. Ce ne pouvait être ni des
Suisses ni des Allemandes, et à peine eurent-elles fait
deux pas, qu'à leur marche je reconnus des Anglaises,
ce que confirma l'arrivée de leur mère qui les suivait en
se balançant comme un navire sur la houle.

Le salon se remplit peu à peu, presqu'entièrement de
dames : un homme pour quatre, terme moyen. Seul je
n'y prenais pas de thé pour lequel j'ai toujours conservé une espèce de rancune. Dans mon enfance, on
n'en usait guère en France que comme remède et par
ordonnance du médecin. A la suite d'une indisposition,
on m'en présentait des tasses que ma bonne nommait
tisane. Est-ce à cause du nom que je refusais d'y
goûter, ou si j'y goûtais, qu'à la première gorgée je
repoussais le vase qu'on me forçait de reprendre? Je
ne sais; mais j'en voulais beaucoup à la bonne qui
m'entonnait le breuvage et me faisait gronder quand je
ne l'avalais pas. Depuis, ma mauvaise humeur contre le
thé ne s'est pas dissipée. Est-ce à raison, est-ce à tort?
— Le thé a-t-il été un bien ou un mal pour l'humanité?
Contribue-t-il à la richesse de l'Europe, ou est-il un
impôt de quelques centaines de millions qu'elle paie sans
profit aux Chinois?—C'est aux économistes à en décider.

Quand j'en eus assez des belles dames et du bruit des cuillères dans les tasses, je fus, à la lumière des étoiles et des réverbères, revoir la promenade du pont dont la position m'attirait. Même dans cette demi-obscurité, la vue y était belle. Le temps, calme et doux, y avait attiré d'autres promeneurs et pas mal de promeneuses, mais l'obscurité croissante ne me permit pas de juger du plus ou moins d'éclat de ces papillons de nuit.

CHAPITRE XVI.

—

—

Le 25 septembre, je me lève à sept heures. J'ai dormi, ce qui ne m'arrive pas toujours en voyage ni même en ne voyageant pas. Il est à croire qu'un sommeil long et profond n'est pas nécessaire à la santé : je dors rarement trois heures sans interruption et plus de quatre à cinq heures par nuit, et parfois j'en ai passé jusqu'à dix de suite sans dormir du tout et sans m'en trouver plus mal.

Dormir, dit-on, ce n'est pas vivre.
C'est possible; mais cependant
De combien de maux nous délivre
Une heure donnée au néant !
Cet oubli complet de soi-même
Semble une halte dans le port :
On est, dans ce calme suprême,
Heureux comme doit être un mort
Qui vient de finir son affaire,
Bien et dûment administré,
Quitte du tracas mortuaire,

> Des curé, parents et notaire,
> Mais d'un fin drap de lin paré,
> Au chant d'un beau *Miserere,*
> Avec la croix et la bannière;
> Puis, bien gentiment enterré
> Sous une belle et bonne pierre
> Portant: Ci-gît monsieur..... qui dort
> Avec les honneurs et confort
> D'un enterrement de première.
> Pour son entrée en paradis
> Tout est payé: voir les acquits.

J'avais, la veille, retenu pour le lendemain un cicérone, ou à défaut, un cocher entendant le français ou l'italien, pour me conduire en ville, car je voulais en revoir les monuments, mais on ne pouvait, me dit-on, trouver ni l'un ni l'autre. C'était une défaite: seulement on n'avait pas rencontré celui à qui on voulait procurer cette bonne aubaine, sous la condition, bien entendu, de partager. Cependant, en voyant mon mécontentement, on me dit qu'il allait venir.

Pour prendre patience, je demande du café au lait. Le lait était bon; quant au café, c'est différent. Il n'y a guère qu'en France qu'on fasse du bon café. Lorsqu'il est bon à l'étranger, c'est que le cafetier n'est pas du pays. En Turquie, il est de première qualité, mais comme on vous le sert avec le marc et sans sucre, il faut être un peu Turc pour y prendre goût.

Cependant n'arrivent ni guide ni voiture. Ennuyé d'attendre, je sors pour aller à la cathédrale. La façade en est simple et belle; le grès rouge, dont elle est faite, est très-favorable au monument. Elle date du xie siècle, mais elle a été refaite plus tard, et, en définitive, c'est à la fin du xve siècle qu'elle a été terminée.

Quand j'en eus assez de la façade, voulant voir l'intérieur, j'entre par la première porte que je trouve ouverte. Ni suisse, ni bedeau, ni avis au public n'en défendait l'entrée. Me croyant en pays catholique, je fais quelques pas en avant. Rassuré par le silence qui règne, je continue, et je me trouve en face d'une centaine de dames assises sur des bancs, priant à voix basse, et pas' un seul homme. Alors — était-ce une hallucination? — il me sembla que tous ces yeux, tournés vers moi, me regardaient comme on l'eût fait à Constantinople d'un giaour, ayant, sans firman, pénétré dans une mosquée.

Evidemment j'étais un intrus, un loup dans la bergerie, et c'était la porte défendue, la porte sacrée et réservée aux seules brebis, que j'avais franchie. Ici j'étais dans mon tort, et je m'attendais à tout instant à voir se dresser devant moi quelque bedeau menaçant me lançant anathème : or, je ne suis pas brave contre les bedeaux. Je crains beaucoup moins le suisse, eût-il six pieds de haut. Jamais, que je sache, suisse de paroisse n'a tiré l'épée ni brisé de lance; d'ailleurs, grâce à son brillant costume, on le voit venir. Quant au bedeau, on ne sait quelle est son arme, et l'on ne voit jamais d'où il sort: c'est donc pour moi un être mystérieux, une sorte de gnome contre lequel les puissances de ce monde ne peuvent rien.

Le mal était fait, je ne pouvais pas me sauver : on aurait cru que, comme Caïn, je venais de commettre un meurtre; le mieux était d'aller en avant. Je vis alors comment le parcage était fait. Il y avait trois côtés, ayant chacun leur entrée distincte : l'une pour les femmes, l'autre pour les hommes, et la troisième pour les enfants. Ceci n'embellissait pas mon affaire, car comment me tirer de ce dédale ? Tâchant de m'orienter pour battre en retraite, mais pourtant en y mettant les formes, comme fait un général en déroute qui ne veut pas avoir l'air de fuir, j'étais ainsi parvenu à proximité d'une porte où j'allais me glisser comme une ombre, lorsque je la vois rouler sur ses gonds et se fermer brusquement. Je me préparais à en gagner une autre : un même roulement se fait entendre, suivi d'une même fermeture.

Il en restait une troisième. Perdant ici tout respect humain et renonçant à la stratégie, je m'élance vers celle-ci en vrai fuyard, et j'arrive juste à temps pour me la voir fermer au nez. Ma retraite était coupée sur tous les points : j'étais prisonnier.

Moins rassuré que jamais, j'en étais là de mes réflexions, quand un homme vêtu de noir, sortant d'une stalle, se dirige vers le point où j'étais. Pour le coup, le dénouement approchait, mais avec un cérémonial qui me flattait peu ; je crus, en un mot, que j'allais être poliment poussé dehors. Cependant il passa outre : c'était vers la chaire qu'il s'acheminait.

De sang-froid, j'aurais compris qu'il allait prêcher. Dans la disposition d'esprit où j'étais, je m'imaginais que c'était une leçon publique qu'il voulait me donner, et que c'était contre les indiscrets et les intrus qu'il va parler.

Son sermon suisse, qu'il prononçait d'un voix rauque en l'accompagnant de gestes qui ne l'étaient pas moins, était peu propre à me faire penser le contraire. Cependant je finis par m'apercevoir que ses regards, qui auraient dû être tournés vers celui qu'il admonestait, l'étaient d'un autre côté, et que personne dans l'auditoire n'avait l'air de faire attention à moi. Alors je compris que j'étais un sot, et que ma peur, comme mes tours et détours pour m'échapper, avait été en pure perte, vu que rien ne la motivait; que si l'on avait fermé les portes, c'est que tel est l'usage ici lorsque le prêtre monte en chaire; qu'en définitive, ma présence n'avait blessé personne, et que les bons habitants de Bâle pouvaient bien n'être pas si intolérants et ennemis des étrangers que je l'avais si gratuitement supposé. J'en eus bientôt la preuve, car l'un d'eux, s'étant aperçu, à quelques bâillements mal dissimulés, que je prenais à l'éloquence du prédicateur un intérêt très-secondaire, vint gracieusement me proposer en anglais, car il me prenait pour tel, de visiter la salle du concile communiquant avec l'église, concile qui se tint en 1431.

Cette salle devenue célèbre ne fut certainement pas le temple de la Concorde, car on ne décida rien et l'on s'y disputa beaucoup : on y déposa un pape, Eugène IV, et on en nomma un autre, Félix V; enfin on ne se sépara que pour aller s'excommunier, s'injurier, puis se battre.

C'était à peu près ainsi que les choses, comme nous l'avons vu, s'étaient passées à Constance. Ce siècle était celui de l'Eglise militante : on y raisonnait à coups de bûches, avec lesquelles on faisait ensuite un bon feu pour rôtir les vaincus, ce qui avait lieu en grande pompe et à la satisfaction générale : c'était le bouquet de la fête.

La chrétienté ne s'est débarrassée qu'à la longue des

habitudes de la Rome antique : elle a eu aussi ses gladiateurs et ses jeux du cirque. Ce n'est pourtant pas cela que lui avaient enseigné Notre Seigneur et ses apôtres. Il faut avouer que nous avons été et que nous sommes encore de singuliers chrétiens, et qu'il est difficile de dire à quelle hauteur de moralité, de bien-être et de bon sens ne serait pas aujourd'hui parvenue l'humanité, si elle s'en était tenue à la morale du Christ.

Le sermon fini, chacun était retourné chez soi, et, guidé par mon nouvel ami, honnête bourgeois de Bâle, je pus à mon aise examiner les lieux. J'y vis quelques bonnes sculptures en bois, notamment cette chaire d'où je croyais voir sortir l'anathème de ce digne prédicateur qui ne songeait pas à moi. J'admirai l'orgue que je regrette de n'avoir pas entendu, mais que mon conducteur me dit avoir coûté huit cent mille francs.

. Parmi les monuments funéraires, le plus illustre, sans être le plus beau, est la tombe, datant de 1281, de la femme de Rodolphe de Hapsbourg, l'impératrice Anne, mère de la branche des princes autrichiens régnant encore. Est-ce pour le bonheur ou le malheur de l'humanité que cette famille est née ? Si le sang répandu retombait sur la tête de ceux pour lesquels on le verse, il est certain que les Hapsbourg y seraient noyés. Que de guerres entreprises en leur nom et pour le soutien de leur trône ! Que de cachots ouverts et remplis ! Que de supplices ordonnés et exécutés ! Que d'assassinats juridiques et de massacres sans jugement !! Tout ceci se faisait-il pour le bien des peuples, ou pour le leur ? Était-ce dans l'intérêt de la morale, de la religion, de la liberté et du progrès qu'ils frappaient, ou bien dans celui de leur orgueil? C'est à Dieu à les juger : lui seul lit dans les cœurs. Peut-être sera-t-il moins sévère que l'histoire, et dans les bourreaux même ne verra-t-il que des victimes des flatteurs, des préjugés et de la peur.

En quittant l'église, on trouve le cloître qui est fort beau. Les tombes y sont nombreuses et pourraient donner lieu à d'intéressantes notices nécrologiques. Les pierres tombales qui y servent de sol sont devenues frustes par le frottement des pieds des fidèles, et les noms des personnages que ces tombes recouvrent se trouvent effacés et oubliés probablement pour jamais. À quoi donc tient la mémoire des morts? Aux sabots et aux clous des bottes de ceux qui leur survivent.

Il y aurait un remède à cela : ce serait de mettre la pierre à l'envers ou l'inscription tournée vers le cadavre. Les bas-reliefs se trouveraient également bien de cette position qui les éterniserait, ainsi que le nom de leurs auteurs. J'en ai chez moi qui ne doivent leur conservation qu'à cette retourne. Taillés dans d'épaisses planches de chêne, ornement d'anciens manoirs, leurs modernes propriétaires, ennuyés de ces figures qui leur faisaient la grimace et n'y voyant que des nids à poussière, les avaient, au moyen d'un demi-tour de conversion, logés dans le plâtre, ne laissant à l'extérieur que le côté plat qui, poli et ciré, rendait, selon eux, leur demeure plus propre et plus gaie. Une grande partie de ma collection de bas-reliefs est composée de morceaux ainsi sauvés du feu ou du rabot des amateurs de la ligne droite, ou des welches niveleurs.

De la terrasse de la cathédrale, on a une vue admirable du Rhin qui coule au bas : on embrasse de là une partie de la ville et de sa banlieue. A droite, se dessinent le cours du fleuve et ses rives couvertes d'habitations. A gauche, les faubourgs disparaissent dans des massifs d'arbres. Au loin, les Alpes se perdent dans les nuages. Au total, cette terrasse, placée sur une hauteur et de plain-pied avec l'église, sans être bien étendue, fait une charmante promenade. Malgré le dimanche, ou peut-être à cause du dimanche qui est un jour de mortification dans les pays luthériens, elle est solitaire : tout ce qui la peuple en ce moment se compose de trois étudiants allemands qui parlent beaucoup et fort.

Ici, je suis enfin rejoint par le guide que j'avais demandé. Mon compagnon, qui n'avait pas voulu me quitter tant que j'étais seul, prend alors congé de moi. Je le remercie de sa grande obligeance, en me promettant bien de ne plus juger sur l'apparence.

Mon nouveau cicérone me conduit à l'église des dominicains, devenue temple protestant. C'est aussi l'heure du sermon et je ne veux pas entrer, bien qu'ici la porte soit ouverte. A côté est la prison. L'hôpital voisin a acheté tous les terrains environnants. Cet hôpital, anciennement la cour du marquisat, est un vrai palais avec jardin, bosquets, massifs de fleurs, orangers et autres arbustes de serre. Il est dirigé par des religieuses protestantes dites diaconesses. J'aime à voir un hospice ainsi tenu. Vaste et bien aéré, il est divisé en trois quartiers : 1° celui des vieillards, 2° celui des enfants, 3° celui des malades qui peut en contenir quatre à cinq cents, mais il n'y en avait que cent en ce moment.

L'église de Saint-Pierre est le Westminster de Bâle : là, repose une partie de ses hommes célèbres.

La porte Saint-Paul a deux tourelles et un clocher du XIe siècle. Non loin de là est la halle au blé.

A l'hôtel-de-ville, sont des fresques très-curieuses, qu'on dit avoir été dessinées par Holbein.

L'ancien couvent des cordeliers est un bâtiment servant aujourd'hui de douane et d'entrepôt. Une des façades donne sur la place, et une autre sur une rue. De l'autre côté de cette rue était un couvent de femmes. En visitant les fondations, on a découvert, dit-on, un passage souterrain, large de quatre à cinq pieds et haut de six, allant d'un couvent à l'autre. Preuve touchante de la dévotion de nos pères, car il était sans doute destiné à porter aux sœurs les secours spirituels et les sacrements de l'Eglise dont on peut avoir besoin à toute heure. Ces pieuses communications ne sont pas insolites : on m'en fit voir une autre en Italie.— Mais comme les temps et les institutions changent ! Le couvent de femmes de Bâle, qui faisait face aux cordeliers, est aujourd'hui une caserne de gendarmerie. Des gendarmes remplaçant des nonnes ! De l'autre côté, des douaniers ont succédé aux cordeliers. Etrange effet de la Réforme ! Luther n'avait pas prévu cela.

Nous voici au Casino où l'on donne des bals et des concerts. Les Bâlois chanteurs et danseurs, est-ce possible ? Il faudrait que je le visse pour le croire, car jamais ville ne m'a paru moins dansante.

Au bout de la même rue est la maison Fourkart, nom de son riche propriétaire, formant angle en rotonde et bâtie depuis peu en pierre de steinberg : c'est un magnifique hôtel ayant, par sa position, vue sur cinq rues. Ce quartier est neuf et très-beau; les rues y sont larges et bien aérées.

Non loin de là, on a construit une église pour laquelle, me dit mon guide, un simple particulier a donné cinq millions. — Cinq millions! c'est beaucoup; mais n'en eût-il donné qu'un, c'est déjà fort joli.

Au musée des antiquités, on me fait voir la table d'Erasme, sa chaise, et une collection de fibules de l'époque mérovingienne ou des IVe, V^e, VIe et VIIe siècles.

Je remarque un tableau de bois sculpté, représentant la bataille d'Orneck ou d'Horneck en 1440, dont j'ai l'analogue dans ma galerie. Je serais tenté de croire que celui que j'ai est l'original, car il est en beau bois de chêne et d'une exécution supérieure. Ensuite, où eut lieu la bataille, le combat ou la rencontre de ce nom? C'est ce que je ne saurais dire. Je sais seulement qu'il exista un château ainsi nommé en Styrie; et en Allemagne, un Horneck à la fois historien, poète et guerrier, qui combattit sous les drapeaux de Rodolphe de Hapsbourg et mourut en 1310.

C'est aussi dans ce musée qu'on voit ce qui reste de la fresque de *la Danse des morts*. C'est en 1806 qu'on détacha ces fragments de la muraille où ils étaient, et qu'on en a fait dix tableaux fort curieux, de deux à trois pieds de hauteur, représentant deux femmes et sept hommes, dont deux couronnés.

L'une des salles de ce musée est celle où se tenaient les séances secrètes du concile. On y voit les bancs de chêne où s'asséyaient les membres de cette assemblée.

Le dossier de ces bancs forme une espèce d'armoire ou de buffet également en chêne, où chacun enfermait ses papiers... *et ses vivres*, ajouta mon cicérone. On me montre aussi le coffre où l'on déposait les délibérations *du concile et ses archives :* ce coffre aurait bien des choses à dire.

En sortant du musée, je m'arrête sur un point d'où *l'on découvre la partie de la ville appelée le petit Bâle.* A gauche, on voit les Vosges; en face, les montagnes du duché de Bade et la Forêt-Noire; de l'autre côté, les montagnes du Jura; *à nos pieds, la maison des diaco-nesses;* à gauche, le pont du Rhin; derrière la cathé-drale, les beaux marronniers ombrageant la promenade ou terrasse.

Sur la place voisine est la bibliothèque bourgeoise, cercle aristocratique de la ville. Plus loin, la maison où les empereurs de Russie et d'Autriche ont logé en 1815. *Déjà Napoléon y était descendu en 1806.*

Dans cette rue, dite Montée du Rhin, sont l'Univer-sité, vieux bâtiment sans apparence, et l'Académie. J'y fais visite au professeur Gerlach, *directeur de la bi-bliothèque.* Il me montre la collection des antiquités mexicaines, la plus belle que j'aie encore vue. Le rap-port de ces morceaux avec les *antiquités égyptiennes* est frappant. Placées circulairement sur des étagères formant un coin arrondi, elles font un grand effet sans tenir beaucoup de place. C'est un don fait à Bâle par l'un de ses citoyens ayant longtemps habité le Mexique.

Les haches et les couteaux de pierre y sont sem-blables aux nôtres.

M. Gerlach, qui allait dîner au moment où j'entrais,

car à Bâle on dîne à midi, me reçut d'abord assez froidement : personne, plus qu'un Suisse, n'est pénétré de cet axiôme : *Rien ne doit déranger l'honnête homme qui dîne.* Mais en entendant mon nom, son accueil devint tout-à-fait cordial, et il ne voulait plus que je le quittasse. Je l'engageai à venir me voir à Abbeville, ce qu'il me promit.

Je veux encore visiter une église, mais il n'y a pas moyen ; elle est fermée.

La chaleur étant très-forte, on s'attend ici à avoir du bon vin et en abondance, ce qui fait rire nos Suisses qui, comme on sait, ne le dédaignent pas.

CHAPITRE XVII.

—

—

Après avoir réglé mon compte à l'hôtel, je vais prendre la voie ferrée pour gagner Bienne. Il est une heure, le temps est étouffant; marchant depuis le matin, je suis brisé.

Il y a très-bonne compagnie dans le wagon : une jeune et jolie femme, son mari et son beau-frère, ce qu'ils m'apprennent tout d'abord. Nonobstant leur gracieuse causerie, je m'endors profondément. A la station suivante, ils me quittent. Le mari me réveille galamment pour me serrer la main et me souhaiter bon voyage.

Il est deux heures. Belle campagne à droite : collines cultivées, des bois, des vignes.

Un petit garçon entre dans le wagon et me propose du raisin. J'en choisis deux petites grappes. Je croyais qu'il allait m'en demander vingt centimes, et c'était beaucoup dans un pays où il abonde; mais il en veut un franc que je lui paie en me disant : voilà un grand négociant en herbe.

Le conducteur me demande si c'est par goût que je suis aux secondes, puisque j'avais payé les premières. Les secondes étaient si propres, si élégantes, que je les avais prises pour les premières. Il ouvre une porte et, des secondes, j'entre de plain-pied dans ces premières dont le luxe et la commodité m'étonnent.

Me voici à Sissach, puis à Sommerau où je suis passé la surveille, et je m'aperçois encore ici que, faute de m'être orienté ou d'avoir consulté les cartes, je reviens sur mes pas et fais un chemin inutile. Décidément, moi qui me croyais marin, j'aurais été un mauvais pilote.

Nous passons un long pont valant au moins, pour sa hardiesse, le pont du Saint-Gothard, dit *pont du diable*, qui a bien pâli depuis les miracles des voies ferrées. Le Pausilipe, lui aussi, n'est plus qu'un four à côté de certains tunnels. Le pont sans eau, que nous franchissons, passe sur une vallée en unissant deux montagnes. La voie est bordée de rochers où l'on a tracé des lignes pour imiter des assises de pierre.

Pourquoi donc avons-nous la manie de défigurer les noms? On ne connaît en Suise ni *Bâle* ni *Bienne*, mais *Basel* et *Biel*, et quand on annonce une station, vous la cherchez en vain sur les cartes françaises et même les livres-postes et les guides qui lui ont donné un nom de leur façon en voulant franciser l'allemand, l'italien où le suisse.

A la station de Lœufelfingen, étant descendu d'un wagon où j'étais seul, on m'avait oublié sur la voie en oubliant aussi le signal du départ, et je manquai rester en route.

Après la station, vue étendue, belle campagne, vallée riante. A gauche, dans le lointain, est un glacier ; à droite, une plantation de sapins. On ne met pas plus de cinq à six minutes d'une station à une autre. Ce pays ressemble à la terre promise : on voit des poiriers, des pommiers, etc., bordant la route ; des collines, de petites vallées, une campagne bien cultivée, parsemée de jolies maisons devant lesquelles les habitants sont assis ou se promènent dans de beaux jardins. Tout le monde est proprement vêtu, et les dames souvent avec luxe. J'admire surtout la fraîcheur des bois. Les champs et les prairies sont arrosés au moyen de rigoles où circule une eau limpide. Pas un coin de terre qui ne soit cultivé, pas un coteau où l'on ne mette des vignes ou quelqu'autre culture. Partout l'herbe est peignée et égale comme dans un parc. Les chemins de traverse sont unis et bien entretenus, et dans un pays où tout est rocher, pas une pierre dans les champs.

Les vaches sont dignes des prairies où elles paissent : ce sont de beaux animaux dont le poil lisse et brillant annonce la bonne santé et le soin qu'on en prend. Évidemment ce pays est prospère, mais cette prospérité serait bien autre encore si les rivalités de canton, les ambitions de clochers n'avaient pas si souvent troublé la paix.

Les stations commencent à être moins fréquentes. Il y a aussi moins de constructions de luxe : la terre est trop précieuse pour la perdre en maisons.

Nous arrivons à la station de Herzogenbuchsee, à

laquelle, entre nous soit dit, on aurait dû, pour la commodité des voyageurs, donner un nom un peu moins suisse. A la construction et à la mesure des mots d'une langue, notamment des noms de familles et des noms de lieux, on peut juger du caractère d'un peuple. On ne trouve de longs mots que chez les nations d'une nature calme et posée; tandis que chez les peuples vifs, tels que Gascons, Provençaux et Picards, les noms et les mots sont ordinairement courts. Ceci est surtout remarquable chez ces derniers. Le Picard, dont le patois tient beaucoup du vieux français, n'a que des mots brefs, et raccourcit presque tous ceux qu'il emprunte au français moderne. Les noms de familles trop longs lui déplaisent et lui donnent une sorte de prévention contre ceux qui les portent; ils lui paraissent incommodes ou ridicules, et si ce sont ceux de ses parents ou amis, il trouve toujours moyen d'en retrancher une partie, ou il les remplace par un prénom, ou par un sobriquet s'il s'agit d'un individu qui l'intéresse peu.

Après Herzogenbuchsee, nous apercevons, à gauche, des pics neigeux très-élevés et d'une éclatante blancheur, dont un doit être le Mont-Blanc. Il est cinq heures; la chaîne des Alpes, éclairée par le soleil brillant d'un éclat qui contraste avec la verdure, fait un admirable effet sur ces monts se perdant dans les nues enflammées.

Ici encore règne partout un air de calme et de bien-être; on ne rencontre pas un mendiant. C'est bien le Mont-Blanc que je voyais, et, plus loin, le Mont-Rose. On les reconnaît un quart-d'heure avant d'arriver à la station, probablement celle de Inkwyl, où je suis à cinq heures un quart: c'est une magnifique position. Cette route est délicieuse depuis Bâle, et spécialement depuis Herzogenbuchsee; tout est frais et charmant: on ferait le voyage de Bienne seulement pour la voir.

Après avoir passé le village de Lubingen, nous arrivons à Soleure, capitale du canton de ce nom, placée au pied du Jura et traversée par l'Aar. Peuplée de cinq mille quatre cents âmes, elle peut se vanter d'être une des plus anciennes villes du monde, car elle fut, dit-on, bâtie par Abraham le patriarche, venu en Suisse on ne sait trop pourquoi ni par quel chemin. Ce qui paraît moins douteux, c'est qu'elle fut, depuis, occupée par les Romains et, sinon fondée, du moins rebâtie par eux. Comme toutes les villes de la Suisse, elle a ses trophées, reliques prises à la bataille de Morat, et quelques bribes de la défroque de Charles-le-Téméraire qui avait une garde-robe bien fournie et qu'il ne manquait sans doute pas d'abandonner dans la mêlée, probablement pour que chacun en eût sa part.

> Ah! si jamais je deviens un héros,
> Je veux avoir aussi plus d'une nippe,
> Afin qu'un jour l'avenir participe
> Aux loquetons que je portais au dos.
> J'aime la France alors qu'elle est dévote
> Aux vieux habits témoins de maints hauts faits.
> Du conquérant, ô grise redingote,
> A son épée, oui, je te préférais!
> Et tout épris de sa moindre guenille,
> J'aurais donné le bouclier d'Achille,
> Son casque d'or, son coursier le plus beau
> Pour la moitié de son petit chapeau.

Mais les richesses de Soleure ne se bornent pas à la garde-robe de Charles-le-Téméraire, et l'on cite avec raison la belle collection d'armes anciennes qu'elle a réunie à grands frais, et celle des fossiles du Jura qu'à mon grand regret je n'ai pas eu le temps d'étudier.

Soleure, anciennement ville forte, l'est encore aujourd'hui, mais seulement pour le coup-d'œil et pour son agrément. Au fait, à quoi bon les fortifications de nos jours, puisque dans un temps donné on est sûr de prendre les villes ?—Elles servent à retarder l'ennemi, répondra-t-on.—Non ; car lorsqu'il est pressé, il tourne la ville forte et la laisse derrière.

Au-dessus de ces fortifications, je remarque un mont qui est couvert de vignes presque jusqu'à sa cime. A la bonne heure, voici une vraie défense ! En 1791, ce sont les vignes qui ont arrêté l'invasion et défendu la Champagne contre les Prussiens décimés par le raisin vert et la colique.

Nous passons deux stations : Selzach, bourg au pied du Mont-Weissenstein, et Grenchen, petite ville de seize cents âmes, près de laquelle sont des bains. La vue est toujours admirable. La neige du Mont-Blanc et du Mont-Rosa, que l'on voit à gauche, semble dorée : c'est l'effet des derniers rayons du soleil couchant.

Bientôt la vallée se resserre ; des collines s'élèvent à gauche et nous cachent le Mont-Blanc. Une dernière station, Pieterlen, nous conduit à Bienne où j'arrive à sept heures.

Descendu à l'hôtel de la Couronne, mon premier soin fut de demander si le commandant Scholl était à Bienne. Son absence m'aurait fort désappointé, car c'était surtout pour lui que j'y venais. J'apprends de mon hôtesse la haute considération qui entourait ce digne homme appartenant à une des familles nobles les plus anciennes du pays. Militaire distingué, grand-prévôt des troupes suisses à Naples, il y jouissait de la faveur du roi, de laquelle il n'avait jamais usé que pour faire le bien. Ayant une grande aisance, il était parfaitement heureux, lorsqu'il eut le malheur de perdre sa femme en couche de son dernier enfant. Veuf, il se trouvait ainsi avec trois, dont l'aîné avait à peine douze ans.

Je me fais conduire chez lui. Je trouve une charmante maison placée à mi-côte et à laquelle on arrive par un beau jardin en pente terrassée.

Le commandant était sorti. Je dis au domestique que je reviendrais à huit heures, et je retournai à l'hôtel où j'avais commandé mon dîner. Il n'était ni bon ni copieux; mais pourquoi aussi étais-je arrivé trop tard? J'ai dit qu'il faut, en Suisse, pour manger, arriver à l'heure où l'on mange. Quant à boire, la chose y est permise en tout temps et à toute heure.

C'était à cette occupation qu'à une petite table en face de moi se livraient deux Allemands venant de Strasbourg, négociants je crois. Un moment après, entre un monsieur qui cherchait ces deux voyageurs. Il leur parla en allemand, probablement d'affaires, car ils l'écoutaient avec grande attention. Bientôt il se leva et vint me saluer en m'adressant la parole en français. Il avait su mon nom par l'hôtesse; il me dit le sien : c'était M. Schuler, écrivain libéral, auteur d'un livre sur la Suisse, et rédacteur du journal *le Courrier du commerce* qui paraît à Bienne. Je vis bientôt que j'avais à faire à un homme instruit, et nous causâmes science et littérature.

Huit heures étaient sonnées, et je me levais pour retourner chez M. Scholl, quand on l'annonça. Nous nous embrassâmes comme de vieux amis, et pourtant notre connaissance ne remontait pas à un mois, mais il est des hommes dont l'âme est sur la figure, dans les gestes, dans la voix, et qu'on apprécie tout d'abord. Il voulait me faire loger chez lui. Selon mon habitude, je restai à l'hôtel, mais j'acceptai le déjeûner qu'il m'offrit pour le jour suivant. Nous causâmes ainsi jusqu'à dix heures.

Bienne, ville située près du lac dont elle porte le nom, et au pied du Jura, n'est ni grande ni belle. Sa population n'atteint pas quatre mille âmes, et ses monuments ne sont guère à citer; mais sa position, les sites qui l'entourent et la perspective dont on y jouit, sont des plus remarquables. Ajoutons que l'instruction, ou au moins le goût de la lecture, y est poussé fort loin, et quand, en France, des villes d'une population triple ont à peine un journal, celle-ci en a cinq.

Je suis de bonne heure chez M. Scholl. Après avoir pris une tasse de café pour attendre le déjeûner, nous allons visiter la belle collection des antiquités lacustes du colonel Schvab, formée d'objets retirés du lac de Bienne en 1854, et semblables à ceux découverts quelque temps avant dans celui de Zurich. Je n'entrerai pas dans les détails de ces objets; il y en a qui appartiennent à l'age de pierre, et successivement à ceux de bronze et de fer, succession qui prouve la longue durée de ces cités établies sur pilotis dans le lac même. Parmi les plus anciens de ces morceaux, j'en reconnais beaucoup d'analogues à ceux que j'avais découverts dans les tourbières de la Somme de 1830 à 1840 : des gaînes ou montures de haches en bois de cerf, des os diversement travaillés, des fragments de poteries, etc.

Ces gaînes et instruments en os sont un peu plus petits que ceux de nos tourbières, et annoncent une race moins forte. Il en est de même des hachettes de pierre. Je remarque aussi des instruments en terre cuite dont je n'ai pas rencontré les analogues en Picardie. Le colonel me dit que ces peuples s'en servaient pour se préserver des sortiléges.

Mon attention se porte sur une petite hache polie en néfrite, pierre d'un vert plus ou moins foncé, et qui coupe le verre. J'en avais trouvé de semblables aux alentours d'Abbeville.

Nous visitons une fontaine de construction romaine, de laquelle s'échappe une source d'eau fraîche et limpide qui alimente plusieurs autres fontaines. Non loin de là est un cimetière où reposent côte à côte catholiques, juifs, luthériens et calvinistes: bel exemple de tolérance et de charité. N'est-il pas déplorable d'étendre les haines jusqu'après la mort, et de ne vouloir pas que la paix règne même entre ceux qui ne sont plus? Dans ce cimetière, les enfants seuls ont une place à part.

On me montre dans la montagne, à peu de distance de la ville, des excavations qui sont des glacières naturelles. C'est là qu'en toute saison on peut s'approvisionner de neige et de glace.

Nous voyons, en passant, la jolie maisonnette de M. Aurèle Robert, peintre, frère de feu Léopold Robert. Il a épousé une parente du commandant qui ne parvient pourtant pas à le décider à venir déjeûner avec nous. Ami de la solitude, il ne la quitte guère: c'est d'ailleurs un homme de talent.

M. Scholl me fait remarquer une maison où ont logé

successivement Cagliostro, Jean-Jacques Rousseau, et un duc dont j'ai oublié le nom.

. De tous les points de Bienne, on jouit d'un beau spectacle : on a devant soi les Alpes bernoises, vaudoises et fribourgeoises, le Mont-Blanc, l'Young-fraw, etc.

Nous visitons l'hôtel-de-ville qui est l'ancien château, puis l'église et l'hôpital, le tout parfaitement tenu, mais, comme architecture, n'ayant rien de remarquable.

Je vois aussi avec un vif intérêt la vieille maison berceau de l'antique famille Scholl. C'est une de celles où, par une longue pratique, l'un des enfants mâles, l'aîné ordinairement, naît capitaine. Aussi, à moins d'infirmités bien constatées, il faut, bon gré, mal gré, qu'il embrasse la carrière des armes. C'est ce qui était arrivé à M. Scholl, quoique, me dit-il, il en eût préféré une autre.

La compagnie de ces capitaines se compose souvent de leurs fermiers, métayers et parents à tous les degrés, c'est-à-dire des cousins, arrière-cousins, formant ainsi une sorte de clan.

L'heure du déjeûner étant venue, nous reprenons la route de la charmante habitation où l'on nous attendait.

La société se composait des enfants du propriétaire et de sa belle-mère qui s'était chargée de remplacer sa fille défunte, et elle le faisait avec un soin admirable, me disait M. Scholl. Femme instruite, elle savait leur communiquer à la fois sa science et sa bonté. Au déjeûner était M. Xavier Kohler, habitant Porentrui, et président de la Société d'Emulation du Jura, auteur d'un volume de poésies françaises, pleines de goût et de sentiments, qu'il voulut bien me donner.

Le déjeûner ressemblait fort à un dîner : je vis là le

véritable confortable suisse. Le lac de Bienne, comme tous ceux de l'Helvétie, est riche en poissons : des truites d'abord, et plusieurs autres dont je n'avais jamais ouï parler : la ferat, la boudille, le hénerling, noms locaux sans doute. Je ne sais si c'était la sauce ou le bon accueil du maître, mais ces poissons me parurent les meilleurs que j'eusse mangés dans ces montagnes. Je ne pensais pas non plus que la Suisse, bien que j'en eusse apprécié les vins, pût en fournir d'aussi bons.

Après le déjeûner, nous montons en voiture pour parcourir les bords du lac et, de là, gagner l'île Saint-Pierre, moins célèbre par son couvent de moines et les chanoines qui leur succédèrent que par le séjour qu'y fit Jean-Jacques Rousseau.

Placé au pied de la chaîne du Jura, le lac de Bienne est dans la position la plus pittoresque. Sa longueur est de douze kilomètres, sa largeur d'un peu moins de quatre, sa profondeur moyenne de soixante-dix mètres, et sa hauteur au-dessus du niveau de la mer de quatre cent trente-quatre mètres.

La voiture nous conduit par une route assez accidentée qui côtoie le lac. M. Scholl me fait remarquer un village que l'on citait, il y a quarante ans, pour la taille élevée et presque gigantesque de ses habitants. Les portes des maisons y étaient plus hautes qu'ailleurs. La génération actuelle, quoique belle encore, se rapproche davantage de la taille ordinaire.

Un peu avant d'arriver à ce village dont je regrette de n'avoir pas pris le nom, est un trou dit *des Sorcières.* C'est là que se faisait l'épreuve juridique. Si elles surnageaient, leur pacte avec Satan était prouvé, et on les brûlait. On ne dit pas ce qu'il advenait lorsqu'elles ne surnageaient pas. Ce trou fournit aujourd'hui les les plus belles anguilles du pays.

On m'indique la place d'une ancienne forêt, où sont encore debout plusieurs dolmens qui ont, je crois, été décrits par le savant et aimable baron de Bonstetten.

Au pied du mont est l'ancien manoir des comtes de Gleresse, famille éteinte. C'est là que Delille composa son poëme de *la Pitié.*

Arrivés à la hauteur de l'île Saint-Pierre, un canot nous attendait. L'équipage se composait du père, de sa fille et d'un jeune garçon. Le père tenait la barre du gourvernail, et la fille ramait.

La première chose qui frappe quand on a pris pied dans l'île élevée de quarante mètres environ au-dessus du lac, est la variété et le grandiose du paysage qui vous entoure. Aussi loin que la vue peut porter, on voit des villages, des jardins, des vergers, des maisons de campagne, le tout encadré dans la chaîne des Alpes et celle du Jura. Dans l'île s'élèvent de beaux chênes et des arbres fruitiers; il y a aussi des prairies d'une admirable fraîcheur. Tout ceci a été décrit, et si bien, par Rousseau, qu'il n'y a rien à y ajouter.

Nous allons voir la maison qu'il a habitée, laquelle n'est pas un palais, tant s'en faut. On nous montre le bureau où il travaillait, le lit où il a couché, la chaise où il s'asseyait : meubles grossiers et parfaitement à la mesure d'un philosophe.

Ce qui ne manque pas non plus dans le logis, ce sont les noms : il y en a d'écrits partout. On montre aussi une trappe par laquelle, dit-on, Rousseau s'esquivait

pour échapper aux visites. Certes, Rousseau était bien
capable de ce trait d'originalité, toutefois je n'y crois
qu'à moitié : on peut échapper à un importun sans
risquer de se rompre le cou.

Nous voyons, non loin de là, un terrain qu'un Anglais
avait acheté pour s'y faire enterrer. A sa mort, on ré-
clama la place acquise. On la tint prête, mais l'Anglais
n'est pas venu, et sa place l'attend encore. Il est à
croire qu'elle l'attendra longtemps : le défunt n'aura
pas voulu se déranger ; ou ses héritiers auront reculé
devant les frais de transport,

> Et ceci parce qu'il en coûte
> A voyager, trois fois autant
> Pour un mort que pour un vivant,
> Bien qu'il ne prenne rien en route.

Si l'île a sa tombe vide, elle a ses salles de bal qui
ne le sont pas : l'une pour la noblesse, l'autre pour le
peuple, car ici les républicains n'admettent pas plus
l'égalité que la fraternité, sauf dans leurs cimetières.

Près de la grande île, il en est une autre petite qui
servait à Rousseau pour élever des lapins dont les
descendants existent encore, ce qu'ils peuvent prouver
leur généalogie en main, plus heureux que ceux du
grand écrivain qui sont passés on ne sait où.

Le soleil baisse, il est temps de regagner Bienne.
Nous rentrons dans le canot qui nous conduit à notre
voiture.

D'un point voisin, on voit trois lacs : Bienne, Morat
et Neufchâtel.

En revenant à la ville, nous avons le spectacle d'un
feu d'artifice qu'on tire au loin sur le lac pour célébrer

sans doute quelque noce ou quelque fait passé, peut-être une ancienne victoire, car chaque canton, chaque ville, chaque village a eu la sienne. Des défaites, on n'en parle pas. C'est ici un peuple de soldats : tout le monde y naît tel. Arrangez ceci avec la liberté ! Ce pays, durant bien des siècles, n'avait pas d'autre industrie que la guerre. Plus tard, il sut y ajouter celle de faire des gâteaux, des tourtes et des petits pâtés. Ainsi tout se compense : de ces industries, l'une faisait mourir, l'autre aidait à vivre.

L'hospitalité du bon commandant ne devait pas s'arrêter à un déjeûner. De retour à sa campagne, un excellent souper nous attendait, et nous fêtons une seconde fois le poisson du lac, le gibier de la montagne et l'excellent vin du coteau. Celui du crû n'était pas le pire. On sait, en Suisse, soigner la vigne ; chacun y a la sienne pour peu qu'il ait une petite aisance : elle est donc toujours celle du Seigneur.

Le souper se prolonge ; il est tard. Je prends congé de mes hôtes que je ne devais plus revoir : père et enfants, la mort devait tout frapper ; et de cette noble, belle et si heureuse famille, il ne reste plus que la vieille aïeule.

CHAPITRE XVIII.

Neufchâtel. — Yverdun. — Lausanne.

Nous sommes au 27 septembre. A quatre heures, on vient m'éveiller, et je prends l'omnibus qui doit me conduire au vapeur. Je retrouve les points de vue que j'avais admirés la veille, mais qui, cachés en partie par un léger brouillard, ont tout autre aspect. Le lever du soleil est magnifique. Je revois les pilotis des cités lacustes, ne m'expliquant pas comment on n'a pas senti plus tôt qu'ils avaient été mis là pour quelque chose, ni pourquoi l'on ne s'était pas assuré de ce que pouvait être cette chose : un pont, une jetée, un port, un bassin, un établissement quelconque, fondé nécessairement dans un intérêt public ou privé. Combien n'est-il pas encore de ces débris mystérieux dont tous les jours on se demande : à quoi cela servait-il? Question que se sont également faite nos pères, et que feront probablement nos fils sans prendre, plus que nous, la peine de faire un trou pour résoudre la question.

La quantité et la diversité des objets qu'ont produits les maisons lacustes de Bienne prouvent sans doute qu'elles ont été habitées pendant un grand nombre de générations; mais un ruisseau qui se jette dans le lac, près de ces pilotis, doit aussi en avoir amené beaucoup. Lors des grandes excavations qu'on faisait autour d'Abbeville, en 1834, pour creuser le canal de transit et étendre les fortifications de la place, j'ai recueilli une foule de petits objets travaillés en os, en bronze, en pierre même, que ramenait une énorme pompe servant à épuiser l'eau des tourbières. J'en avertis les ouvriers qui n'y avaient jamais regardé, et ils ont fait depuis, dans ces épuisements d'eau, de fructueuses récoltes que la pompe leur apportait.

A mesure que le soleil monte et que le brouillard se dissipe, le lac s'embellit encore. Devant nous sont un promontoire et une île sur la même ligne. Nous avons le Jura à droite en allant vers Neufchâtel, et les Alpes à gauche. Nous revoyons à distance le village de Gleresse que j'avais traversé la veille.

Plus loin, à droite, sur la colline et à mi-côte, est un vieux château presqu'en ruine. Des sapins sont au-dessus.

A sept heures, nous traversons le lac sous une brume froide nous cachant le soleil qui s'était un instant montré en nous promettant une belle journée; mais ce voisinage des montagnes est plus sujet qu'un autre aux caprices du temps, et les lacs aussi ont leurs quintes.

Après avoir dépassé le promontoire, nous trouvons une rivière canalisée, la Thiele, qui unit le lac de Bienne avec celui de Neufchâtel.

Nous arrivons à une station où notre bateau manque
de se briser. Un peu plus loin, nous touchons deux
fois de suite. Nous sommes toujours dans la Thiele. En
approchant du lac de Neufchâtel, on baisse la cheminée
de notre vapeur et nous passons sous un pont. Le
brouillard est revenu ; il coupe les montagnes de façon
qu'à distance les rochers semblent être des édifices,
et leur ensemble fait de loin l'effet de grandes villes.
On voit les arbres au-dessus des nuages, et ayant l'air
d'en sortir. La brume commence à se dissiper.

Des prairies et des marais s'étendent au loin de chaque
côté du canal. On n'y voit pas de maisons. Une partie en
paraît inondée : quelqu'un nous dit que le lac monte de
huit pieds et qu'il couvre tous les terrains plats environnants. La Thiele n'a guère, sur certains points, que
la largeur de notre vapeur, et si deux bateaux s'y ren-
contraient, il faudrait que l'un des deux reculât.

Nous passons un pont de pierre et nous allons entrer
dans le lac de Neufchâtel, mais nous nous ensablons de
nouveau. Nous ne sortirons donc pas de ce maudit
détroit ! On fait passer tout le monde à l'arrière, et nous
recommençons à flotter.

Enfin nous voilà quittes de la Thiele. Nous entrons
dans le lac, mais à peine dedans, nous touchons de-
rechef. Nous nous relevons bientôt, à la grande joie de
nos dames qui commençaient à s'effrayer.

Le lac de Neufchâtel ou d'Yverdun a un mauvais
renom : il passe pour perfide et sujet aux orages. Long
de trente-six kilomètres, il en a huit dans sa plus grande
largeur. Son extrême profondeur est de cent trente
mètres, et son élévation au-dessus du niveau de la mer

de quatre cent trente-six. On vante la taille et la qualité de ses poissons : on y pêche, dit-on, des silures pesant jusqu'à cinquante kilos. Ses bords ne sont pas aussi habités que ceux des lacs de la Suisse, et son aspect général est moins riant. Il était jadis beaucoup plus boisé qu'aujourd'hui, car on découvre souvent dans le lac, ou enfouis sur ses bords, des troncs de chênes énormes.

Je ne sais si c'est le plaisir d'être hors de cette insupportable rivière de Thiele, mais l'entrée du lac, nonobstant le mal qu'on en dit, me parut belle.

M'étant levé de bonne heure, la faim commençait à se faire sentir ; mais il n'y avait rien de préparé à bord, et je déjeûne avec du fromage et du vin blanc qui me paraissent excellents.

A huit heures et demie, nous sommes à Neufchâtel ou plutôt Neuenburg, capitale du canton de ce nom. C'est une ville de sept à huit mille âmes, qui a eu ses révolutions, son 1814, son 1848 et, en 1856, ses trois journées, et qui enfin a recouvré son indépendance.

Ce que je remarque d'abord en entrant est un vaste faubourg assis sur une pente : quelques beaux hôtels et des montagnes vertes dominant le tout. Le bateau s'y arrêtant une heure et demie, nous avons le temps de voir la ville.

Sa plus grande curiosité est sans contredit la bibliothèque où sont presque tous les manuscrits de J.-J. Rousseau. Pressés comme nous le sommes, il faut nous borner à y jeter les yeux. Les autographes m'intéressent toujours ; il semble que j'y vois une partie de l'homme : ce sont des reliques vivantes. J'aimerais mieux une phrase, un mot, une signature, même un simple paraphe fait de la main d'un saint, que la collection de ses os, y joignît-on sa peau.

On nous montre, en passant, le vieux château. Nous voyons l'église de Notre-Dame, qui intéresse parce qu'elle n'est pas faite comme les autres. D'origine fort ancienne, ainsi qu'est la ville, elle a eu, comme elle, ses révolutions : elle a été brûlée, rebâtie, puis modifiée et augmentée. Malgré tout cela, ou peut-être à cause de cela, elle plaît et mérite d'être vue. Les fontaines ne sont pas non plus à dédaigner.

L'hôtel-de-ville est un édifice moderne arrangé à la grecque, et qui paraît bien dépaysé ici. Les pays de montagnes ne sont pas propres à tous les genres d'architecture : un temple, quelque grand qu'il soit, placé sur le Mont-Blanc, aurait l'air d'une cage à lapin.

Au musée d'histoire naturelle, que nous n'avons pu qu'entrevoir, on nous parle de M. Agassiz, le célèbre auteur de l'*Etude sur les glaciers* (Neufchâtel, 1840) et de tant d'autres ouvrages sur la géologie et l'histoire naturelle. C'est à M. Agassiz que ce musée doit une partie de ses richesses.

L'hôpital de la bourgeoisie, la maison des orphelins, l'asile des aliénés, beaux et surtout utiles établissements, ont tous été fondés par des particuliers et à leurs frais : le premier par M. Joseph Pury, banquier, qui, à cet effet, légua quatre millions à la ville ; le second par M. Lallemand ; le troisième, situé à une lieue de Neufchâtel, et que nous ne voyons point, est un don de M. Meuron, et a coûté cent cinquante mille francs. Tous ces fondateurs sont nés à Neufchâtel. Les Suisses, comme d'ailleurs tous les montagnards, se sont toujours fait remarquer par l'amour qu'ils portent à leur pays.

L'heure du départ arrivée, nous nous empressons de rentrer à bord. Du lac, nous admirons des maisons bâties sur la colline et séparées par des jardins en terrasse, formant ainsi trois étages que couronne une montagne verdoyante. Malheureusement la brume revient encore : ce lac y paraît terriblement enclin. Cependant, comme elle ne s'élève qu'à une certaine hauteur, nous n'en voyons pas moins de très-beaux sites de montagnes dont les cimes paraissent ainsi séparées de la terre. Bientôt elle entoure notre bâtiment de façon à inquiéter le capitaine qui craint de rencontrer quelqu'autre vapeur ou d'aller se briser contre la rive ; bref, nous jouons là à un assez triste Colin-Maillard. Aucune précaution n'est négligée : un homme est placé à l'avant, essayant de percer l'obscurité toujours croissante ; un autre sonde ; enfin un fanal est allumé, et l'on donne de temps en temps un coup de cloche. Je n'ai jamais vu, même à Londres, un brouillard si épais.

Les animaux partagent l'angoisse générale : deux chiens, qui jouaient sur le pont, sont devenus soucieux et restent immobiles, la queue entre les jambes. La pluie vaudrait dix fois mieux, fût-elle une pluie d'orage avec accompagnement de tonnerre.

Nous devons être à la hauteur d'une station, mais on ne voit pas la rive : aborder n'est pas facile. La cloche sonne à toute volée pour annoncer que nous sommes là. Si nous avions eu de l'artillerie, nous aurions tiré le canon d'alarme.

Le capitaine ne s'est pas trompé, nous voici bien en face de la station, car une cloche nous répond, et bientôt nous entendons un bruit de rames : c'est un canot qui approche. Quoique nous ne l'apercevions pas, on se prépare à le recevoir. Le voilà bord à bord : c'est une dame dont le visage est couvert d'un voile bleu, et qui a bravé le danger. Nous l'embarquons avec ses malles et sa femme de chambre.

Notre bateau rentre dans la nuée comme une divinité dans sa gloire, car à mesure qu'il gagne le large, la brume est plus intense.

La dame arrivée, comme une fée bienfaisante, semble nous avoir porté bonheur : le soleil s'efforce de percer la nue. Réussira-t-il ?

Nous avons à bord une étrange famille, le père, la mère, les enfants. Le père est un vieillard complètement imberbe. Ses deux fils, dont l'un paraît avoir trente ans et l'autre vingt-cinq, et qui lui ressemblent parfaitement, sont également sans barbe. Je crus d'abord que ceci venait de ce qu'ils avaient des rasoirs bien affilés et un bon barbier, mais vus de près, il était évident qu'ils n'avaient besoin ni de l'un ni de l'autre. Du reste, bien constitués, ils annonçaient, à leur mise et leur tenue, des gens aisés et bien élevés. La mère avait dû être belle, et une jeune fille, la sienne sans doute et la sœur cadette des deux jeunes hommes, était fort jolie.

Décidément le soleil est vainqueur ; le brouillard se dissipe, et nous voyons où nous sommes. A droite, nous avons un beau paysage. La côte plate commence à se relever et à s'étager vers la montagne.

Un village se montre à gauche ; au loin sont les montagnes. A droite, sont une église et une grande fabrique à côté. Derrière, un clocher qui semble sortir du lac; peut-être est-ce un bateau à voile, car sur ce point éloigné la brume règne encore. Nous voyons un beau village. Un convoi du chemin de fer escalade la montagne. Plus bas, sur la rive, circule une voiture élégante attelée de deux chevaux. Un canot nous amène trois voyageurs, et non loin de nous louvoie un bâtiment à voile. Nos passagers, rassurés, se promènent sur le pont. J'ai ainsi sous les yeux cinq moyens locomoteurs; je regardais en l'air pour y trouver le sixième, un ballon, mais je n'aperçus que deux mouettes. Nos premiers pères n'en connaissaient qu'un seul : leurs jambes, mais ils en usaient beaucoup.

Nous sommes ici au point où le lac a le plus de largeur : sept à huit kilomètres. Par toutes les allées et venues que nous faisons depuis le départ de Bienne pour aller de station en station d'une rive à une autre, nous devons avoir fait au moins de cent à cent vingt kilomètres : c'est charmant pour la promenade, mais ceux qui sont pressés feront bien de prendre la voie de terre.

Sur la gauche se montrent les Alpes; à droite est une station. L'extrémité du lac est devant nous; la rive y est plate.

Nous apercevons, dans le lointain, des maisons et des jardins : c'est Yverdun. Ici, sont une colline qu'on croirait être descendue de la montagne, et un clocher au bord du lac duquel il semble s'échapper.

Nous arrivons à Yverdun, situé au milieu d'une vallée qui termine de ce côté le lac de Neufchâtel, non loin de l'endroit où la Thiele vient se perdre. Dans la ville, ce qui frappe d'abord, c'est son château et ses quatre tours, construction du XIIe siècle; puis une belle place et une promenade plantée de beaux arbres. Yverdun n'a pas quatre mille âmes, et, comme beaucoup de petites villes de la Suisse, présente plus de ressources que bien des cités qui, dans d'autres Etats, ont une population quadruple : c'est qu'en Suisse tout le monde s'occupe, et que la misère est rare.

Yverdun a un collége, un hôpital, un asile pour les vieillards, une école pour les sourds-muets, un musée et une bibliothèque.

Je prends la voie ferrée de Lausanne. Nous suivons une jolie vallée, partout bien cultivée.

Ici encore, les stations sont très-rapprochées. J'entends nommer celles d'Orny, d'Eclepers, de la Sarraz, etc. A midi, nous sommes à Lausanne. Je descends à l'hôtel du Grand-Pont.

Je voulais aller coucher à Genève, et dès-lors il fallait partir par le bateau de cinq heures : je n'avais donc pas de temps à perdre. J'avais vu Lausanne, mais il y avait longtemps, et je n'étais pas fâché de la revoir.

Ce que cette ville a certainement de plus magnifique, c'est sa position et ses points de vue. On les a si souvent décrits que je crois inutile d'en parler, mais j'engage les voyageurs à ne pas oublier d'aller à l'esplanade de Monthenon, d'où l'œil embrasse à la fois le lac de Genève et une partie des Alpes.

La cathédrale de Lausanne mérite sa réputation. Elle date de l'an 1000, mais elle a été depuis restaurée, puis reconstruite au XIIIe siècle. C'est un mélange de bizantin et de gothique, unique dans son genre. Ces grosses colonnes s'entremêlant à de plus longues et de plus minces font le plus bizarre effet.

L'histoire des tombeaux du chœur ou de ce qu'ils contiennent remplirait plus d'un volume, et les poètes tragiques y trouveraient de beaux sujets. Dans les sculptures en bois, certaines figures grotesques en fourniraient à nos caricaturistes et au *Journal pour rire*. Mais c'était le goût de nos pères, et ils croyaient qu'un tantet de facéties dans le temple n'avait rien de répréhensible, que c'était même un moyen de plaire à Dieu en l'égayant un peu.

Les fenêtres y méritent aussi attention; il en est une ronde imitant une fleur gigantesque qui est d'un fort bel effet.

Lausanne est renommée pour ses établissements scientifiques et le bon parti qu'on en tire. Son académie est célèbre. La bibliothèque cantonale a plus de quarante mille volumes. Le musée est très-riche en minéraux, don du général Laharpe. La collection de médailles suisses a un grand intérêt local, et elle serait précieuse partout en raison de la rareté d'une partie des pièces qui la composent.

Quant à la régularité de ses rues, ce n'est pas par-là que Lausanne brille; elles sont fort laides sans être plus commodes. C'est une ville comme la nature les produit, ou selon le goût et le caprice de quiconque y a fait son nid. La ligne droite y est inconnue; il y faut sans cesse monter et descendre, et ne marcher qu'en zigzag; mais, comme je l'ai dit, la magnificence de son site fait oublier ses défauts. Sa population est

de dix-sept mille âmes. L'instruction y est fort répan-
due, et Lausanne a fourni et possède encore beaucoup
d'hommes distingués. — Est-ce un avantage pour un
pays d'avoir un centre où tout se porte : une capitale?
La France profite-t-elle matériellement de l'existence
de Paris? y gagne-t-elle même intellectuellement?—
Si je pose cette question, c'est que je doute que la Suisse
capitalisée, ayant aussi son Paris ou sa centralisation
scientifique, artistique et politique, eût produit, autant
qu'elle l'a fait, d'hommes utiles et d'illustrations.

On me fait voir une maison où Napoléon III a de-
meuré en 1833 et 1834, avec le prince Jérôme.

CHAPITRE XIX.

Départ de Lausanne. — Lac Leman

Une voiture nous conduit à Ouchy, port de Lausanne. A quatre heures trois quarts, j'étais à bord du bateau allant à Genève. Le temps est clair, la soirée sera belle. J'ai près de deux heures pour voir le lac qui, d'ailleurs, n'est pas nouveau pour moi : je l'ai traversé plusieurs fois.

Je trouve bonne société à bord. De l'endroit où nous sommes, la perspective est magnifique : Lausanne est à droite ; à gauche, sont les Alpes et les glaciers.

Il est cinq heures un quart. Lausanne est maintenant derrière nous. A gauche, le Mont-Blanc nous montre une de ses faces dorée par le soleil.

Ce pays me rappelle de bien anciens souvenirs ; il y a quarante-quatre ans que je l'ai vu pour la première fois. J'atteignais alors ma vingt-septième année, et depuis douze ans je courais le monde, traité souvent en enfant gâté, mais aussi chargé quelquefois d'intérêts graves que je comprenais très-bien, et en face desquels je devenais un homme. J'avais parcouru bien des pays, vu plus d'un combat, éprouvé beaucoup de traverses et, jeté au milieu des évènements politiques, approché les puissances et pu voir en déshabillé plus d'un grand personnage. Tout jeune, j'avais donc acquis une certaine connaissance des hommes, mais j'avais très-peu lu dans les livres : je n'avais pas quatorze ans quand on m'avait retiré de l'école, et quelle école! celle d'un vieux pédagogue ci-devant oratorien, honnête, mais brutal et borné, qui, ne comprenant rien à mon bon sens naturel, avait pris pour de la stupidité mon défaut de mémoire des mots et la difficulté que j'éprouvais à répéter littéralement une leçon; bref, je n'étais pas né perroquet, aptitude hors laquelle il n'en voyait pas d'autre: l'imagination, l'amour du nouveau, l'esprit d'invention ne lui semblaient propres qu'à troubler la mémoire et à faire du présent l'éteignoir du passé. Imbu de ces principes qu'il avait professés toute sa vie, il avait persuadé à mon père que je n'étais bon à rien. C'est qu'en effet il était parvenu à me rendre tel. M'entonnant à grand'peine quelques bribes de latin, il ne m'avait jamais montré une grammaire, ni appris un mot d'orthographe: aussi était-il coulant sur mes fautes de français, il aurait même cru compromettre sa dignité de latiniste en s'y arrêtant; mais le moindre manquement au rudiment l'exaspérait jusqu'à la fureur, et les épithètes d'imbécille et d'âne, assaisonnées de gourmades, châtiaient immédiatement tout barbarisme et jusqu'à l'innocent solécisme. A ce régime, on peut juger si le latin m'affriandait : je l'avais pris en une véritable horreur et, comme nos pères gaulois, j'aurais volontiers été saccager Rome et son sénat à qui j'en reprochais l'invention.

Lorsqu'à seize ans j'arrivai en Italie, je le savais donc fort mal ou comme le sait un aspirant qui a manqué sa quatrième. Quant au français, entouré de gens plus sabreurs que lettrés, car nous étions en 1805, et le sabre était l'éloquence de l'époque, je n'étais guère en position de m'y perfectionner beaucoup. Mon père m'avait bien recommandé de prendre un maître, mais comme il ne m'avait pas dit lequel, c'était un maître d'escrime que j'avais choisi, et c'était à la salle d'armes et au manége que j'allai prendre mes degrés. Cependant l'un de mes compagnons, M. Di-Pietro, neveu du cardinal de ce nom, un peu plus âgé que moi et qui valait beaucoup mieux, m'avait inspiré le goût de la poésie. Elevé en France, il écrivait le français aussi facilement que l'italien, et, le premier, il me fit savoir que le rudiment n'était pas le seul livre élémentaire, qu'il y avait une grammaire française et même une grammaire italienne; et c'est à lui, ainsi qu'à un autre de mes amis, M. de Bellegarde, que je dois le goût de l'étude et les premiers principes du style.

Mais dans cette carrière, après avoir marché trop doucement et même n'avoir pas marché du tout, je voulus aller trop vite, et mon bagage intellectuel n'était pas encore bien pesant que, convaincu qu'il me suffisait pour la poésie, je me mis, sans plus de façon, à rimer dans les deux langues, encouragé d'ailleurs dans mon audace par celle de mon oratorien qui me faisait composer des vers latins lorsque je ne pouvais pas encore les traduire. Il est vrai que dans mes inspirations franco-italiennes je me permettais d'étranges licences ; je me souciais autant de l'orthographe d'une langue que de l'autre, et je faisais de toutes les deux le plus singulier pastiche qu'on pût imaginer : c'était la rhétorique d'Arlequin ; j'en aurais été le créateur, s'il ne l'eût inventée avant moi. Ajoutons que je n'étais pas insensible aux beautés des patois génois, piémontais et savoyard, et que je les introduisais hardiment dans mes babeliques compositions. Chaque personnage y parlait sa langue : comprenait qui pouvait.

Je n'oublierai jamais le jour où, quelques années plus tard, remettant la main sur ces précieuses ébauches, je voulus me donner la fête de les relire. Il y avait de tout : poëmes, comédies, chansons, tragédies, vaudevilles. Mais au lieu d'une fête, ce fut un deuil que je trouvai : tout me parut parfaitement détestable. Je ne concevais pas comment tant de sottises avaient pu entrer dans une tête humaine : j'étais honteux de moi-même. A l'école, on m'avait dit souvent que j'étais une bête, mais je ne croyais pas l'être à ce point. A chaque page que je relisais, je frémissais en songeant qu'on aurait pu découvrir ce fouillis que j'avais d'ailleurs eu la précaution de ne montrer à personne, ne voulant pas déflorer ces chefs-d'œuvre avant d'en avoir complété la série et achevé d'orner le temple dont ils n'étaient que le péristyle. Oui ! avant de les avoir relus, c'est ainsi que je les voyais. Dieu ! que l'homme est prompt à se croire un prodige ! Et que la rime a fait tourner de cervelles ! Où était donc la mienne lorsque j'écrivais de telles âneries? Dans mon désappointement, ce fut avec une sorte de furie qu'après avoir déchiré les pages une à une, je les jetai toutes au feu en me disant que les gourmades de mon vieux professeur n'avaient pas tout-à-fait tort.

Trois fois, dans ma vie, j'ai renouvelé ces brûlis moins célèbres que celui d'Omar, mais qui me coûtèrent certainement davantage, car trois fois je m'étais cru un génie et le père de chefs-d'œuvre : c'étaient les enfants de ma virginité poétique que je livrais ainsi aux flammes, en ceci plus cruel que Saturne qui, pour n'en rien perdre, mangeait les siens.

Mon troisième auto-da-fé fut le plus beau ; Torquemada en eût été jaloux. Mon zèle manqua, comme il arriva presque au trop ardent inquisiteur, de me procurer la couronne du martyr, car les débris de ces papiers embrasés, poussés par un courant d'air s'engouffrant dans la cheminée, y mirent le feu en jettant l'épouvante chez mes voisins qui me traitèrent d'incendiaire; mais je ne m'en fâchai pas, car ici encore ce n'était pas la gloire qui s'en allait en fumée.

Cependant le démon de la plume ne lâcha pas sa proie : l'œuvre n'était plus, mais l'ouvrier restait, et, plus que jamais, l'encre coula à flots sur l'immaculé papier, cette victime de tant d'attentats.

Hélas ! en regardant aujourd'hui sur mes étagères ce monceau poudreux de volumes, je me suis plus d'une fois demandé si un quatrième brûlis n'eût pas été nécessaire et si, de tout ceci, quelque chose restera. C'est sur cette survie que tout auteur compte, comme comptent aussi sur un quaterne tous ceux qui mettent à la loterie,

et combien de gagnants? — Un sur cent mille. — J'ai
donc fait ici comme mes confrères en Apollon; mais je
puis dire aussi, pour ma défense personnelle, que si je
me suis borné à trois brûlis, je les ai faits en conscience :
tout ce qui sentait l'hémistiche et la rime y a passé, ne,
conservant comme souvenirs que quelques brouillons
de lettres où il n'y avait pas quatre mots d'orthographe.
Je n'en mettais que lorsque j'écrivais à mon père, et je
n'y parvenais qu'armé du dictionnaire. Les participes
surtout, que je n'y trouvais pas toujours, me donnaient
un terrible embarras : je tournais mes phrases de manière à en mettre le moins possible, et je faisais en
sorte de rendre illisibles ceux dont je n'étais pas sûr.
Que de fois aussi j'ai appelé les pâtés à mon aide! que
dis-je, cela m'arrive encore aujourd'hui, et je leur dois
bien des actions de grâces pour les services qu'ils m'ont
rendus par leur ombre salutaire.

Mais en voilà assez et même trop sur ce sujet dont
je ne voulais dire qu'un mot, c'est-à-dire que j'étais loin
d'être un savant lorsqu'en 1816 je fis, en touriste, mon
entrée à Genève. J'arrivais de la Provence, où j'avais
passé une partie de 1815. Les Provençaux, dans ces
jours néfastes, hébétés de royalisme, étaient devenus
féroces, et j'ai vu là bien des horreurs : c'était l'ère
des Truphémy, des Trestaillon. Nîmes, Avignon, Marseille étaient peuplés d'assassins que les femmes encou-
rageaient et proclamaient *héros de la foi.* Ces furies
royalistes, parmi lesquelles on citait de grandes dames
et des jeunes filles appartenant aux premières classes
de la société, valaient les tricoteuses de Robespierre et
les lécheuses de guillotine. Des prédicateurs en plein

vent, se disant missionnaires, contribuaient, par leurs discours imprudents, à troubler l'ordre : partout des orgies de sang.

Je regrettais la Provence pour son climat et pour les quelques amis que j'y laissais, mais je ne regrettais pas son peuple, le plus détestable de tous en révolution.

La Suisse était aussi fort surexcitée : en ces années 1814, 1815, 1816, tout le monde y était en armes, et je vis à Genève de fort belles revues et des exercices à feu où l'on n'épargnait pas la poudre, mais on avait le bon sens de ménager le plomb, et l'on ne s'égorgeait pas : c'était quelque chose et, pour moi, après ce que je venais de quitter, un véritable bien-être.

Cependant je n'étais pas tranquille sur ce qui m'attendait en Bretagne; on disait qu'on y avait recommencé une espèce de chouannerie ou de réaction contre les hommes des Cent Jours ou ceux qu'on nommait dans le Midi *les castagniers* (1), et ailleurs *les bonapartistes*. Si l'on ne s'y tuait pas, comme à Marseille, à coups de couteau, si l'on n'y pendait pas au réverbère, on s'y fusillait au coin des bois, selon l'ancienne méthode vendéenne. C'était donc dans la fusillade que j'allais retomber, et je commençais à en avoir assez. Depuis dix ans, il semblait que cette atmosphère de poudre me suivait : à la fin de 1804, en quittant la maison paternelle, je l'avais trouvée en Ligurie et en Piémont où le brigandage florissait encore, puis successivement, et d'année en année, en Toscane, en Calabre, en Dalmatie,

____

(1) *Mangeurs de châtaignes;* c'était ainsi que les Marseillais désignaient les Corses.

en Allemagne, etc.; car c'était ainsi qu'on introduisait l'empire ou le blocus continental, et qu'on francisait les nouveaux départements dits *réunis*.

Rappelé en France en 1810 et placé en 1811 à Boulogne-sur-Mer, j'y tombais dans un camp, et les hommes que je commandais, installés dans les batteries depuis l'embouchure de l'Authie jusqu'au cap Grinez, y remplaçaient les canonniers occupés ailleurs. Mon service, là encore, consistait à brûler de la poudre, ce dont nous ne nous faisions pas faute, non plus que les croiseurs anglais contre lesquels nous nous escrimions, faisant d'ailleurs beaucoup plus de bruit que de mal. Ici, c'étaient des boulets et des bombes que nous échangions sans gagner, pour ma part, à cet éternel vacarme, autre chose que des tintements d'oreille, puis une surdité dont j'ai eu grand'peine à me guérir. Je crois que depuis on a renoncé à ces malheureux engins dits *mortiers à semelles*, dans lesquels nous mettions, si je m'en souviens, jusqu'à trentre-trois livres de poudre pour lancer des bombes dont une, il est vrai, aurait coulé un navire, mais dont je n'ai pas vu une seule, quoique j'en aie envoyé par douzaines, attraper autre chose que la vague et les poissons qui pouvaient se trouver dessous.

Appelé à Paris et incorporé dans la garde nationale, je m'y trouve dans toutes les bagarres de 1814 et de 1815; puis, comme on l'a vu, je tombe en Provence pour me chamailler à la fois avec les Anglais en garnison à Marseille, les Anglo-Siciliens qui tiennent la campagne, et les habitants devenus anti-français.

C'était donc de La Ciotat, siége de ma division, car

Marseille était devenue port franc ou anglais si vous voulez, que j'étais parti pour aller chouanner en Bretagne, et que, peu pressé d'y arriver, je vicariais à Genève.

C'est dans cette même ville que je me retrouve aujourd'hui, mais, comme je l'ai dit, quarante-cinq ans se sont écoulés. Je viens de visiter d'autres champs de carnage dont, grâce à Dieu, j'ai les mains pures, et je vogue paisiblement vers une ville dont je ne trouverai plus, je l'espère, les habitants en armes, et ce parfum de salpêtre dont j'ai eu assez pour ma part et que j'abandonne à d'autres.

Notre vapeur se nomme *l'Hirondelle*. Nous voici à Morge, gracieuse petite ville dont nous admirons le joli port, ses navires et sa promenade bien plantée. Sa population est de trois mille deux cent quarante âmes, et son commerce est, dit-on, très-actif. Les montagnes et le lac, par un effet de lumière, ont pris une teinte violette charmante. Le ciel est pur, on n'y voit pas un nuage, et le temps doux permet à tout le monde de rester sur le pont. Je serais très-heureux sans une douleur qui m'est venue à la nuque à force de regarder et de tourner la tête.

Le violet s'est changé en un bleu ardoisé qui a aussi sa magnificence. Le Mont-Blanc prend successivement ces diverses nuances. Deux bateaux à voile sont en vue. Sur la rive droite, sont de belles vaches dont on entend retentir la clochette.

Nous sommes à Rolle, beau bourg de quatorze cents âmes, ayant aussi sa promenade et ses points de vue. C'est la patrie du général Laharpe, qui fut le précepteur et l'ami de l'empereur Alexandre. On lui a élevé un monument sur un îlot artificiel qui garantit le port de la houle du large, car il ne faut pas croire que les lacs en sont exempts, et que les naufrages y sont rares. Maintenant le lac, dont le calme est parfait, a pris une teinte d'or qui, au soleil couchant, deviendra pourpre.

Nous touchons à Nyon, bâti moitié au bord du lac, moitié sur la colline que couronne l'église. La vue, de cette hauteur, doit être admirable. Nyon a deux mille cinq cents habitants.

Nous ne tardons pas à voir Celigny, puis Coppet, que M⁽ᵐᵉ⁾ de Staël a rendu célèbre. Là, est ce château où tant de personnages illustres ont reçu l'hospitalité. Selon son intention, elle a été inhumée dans le parc où l'on voit son tombeau.

Le coucher du soleil a été pur; la nuit est venue, elle est belle et claire.

Nous arrivons à Versoix, naguère France, aujourd'hui Suisse par la volonté de la Sainte-Alliance. A sept heures trois quarts, nous reconnaissons Genève à quelques lumières et à un feu rouge, et bientôt la ville entière se montre, brillant de tous ses réverbères et des lumières de ses maisons. Tous ces feux sont répétés à distance par le lac : c'est une double et magnifique illumination.

Je croyais la ville en fête; on me dit qu'il en est ainsi tous les jours. Il est vrai que le spectacle perd à mesure qu'on en approche, mais il est encore assez beau pour que j'engage les touristes à arriver ici de nuit, dût-on perdre quelque chose de la vue du lac.

Au débarquement, un Allemand ou soi-disant tel,

voulant escamoter le prix de son passage de quarante centimes, essaie de s'enfuir. Le capitaine appelle un gendarme qui l'arrête. Pensant qu'il n'avait pas d'argent, je voulais payer pour lui, mais on m'en empêcha en disant qu'il fallait qu'il s'expliquât, parce que parlant le français, il affectait maintenant de ne pas l'entendre. Menacé de la prison, il retrouva la mémoire et, mieux encore, sa bourse, de laquelle, au grand étonnement de chacun, il tira une grosse pièce blanche, et elle n'y était pas seule. C'était pour ne pas la changer que ce malheureux s'était mis dans ce mauvais cas. Heureusement pour lui qu'un des passagers déclara qu'il le connaissait, et qu'il jouissait dans son village d'une bonne réputation. Sur cette assurance, on le relâcha.

Je descends à l'hôtel de Bergues. J'avais vu beaucoup dans cette journée, et vu avec intérêt : or, quoiqu'on dise : *manger des yeux*, et que les miens l'eussent fait jusqu'à l'indigestion, je n'en sentais pas moins mon estomac vide, et ma première requête fut : *dîner*.

CHAPITRE XX.

—

Genève, ses édifices, ses habitants.

—

Le 28 septembre, en me levant, mon premier soin fut
de regarder où j'étais. Je n'avais pas à m'en plaindre :
ma chambre avait vue sur le lac, le port et la ville.

Je prends un guide pour revoir, après tant d'années,
la cité devenue toute neuve pour moi ; je ne m'y reconnais nulle part. Je n'en suis pas fâché, car où en
serions-nous si l'on n'oubliait rien ?

> Quand d'un défaut de mémoire
> On se plaint, je dis : tout beau !
> Si telle page d'histoire
> Ne nous sortait du cerveau,
> Il faudrait ou n'y plus croire
> Ou bien se jeter à l'eau ;
> Mais le temps étend son aile
> Sur le passé qu'il nivelle,
> Et, couvert de son bandeau,
> Du vieux il fait du nouveau.
> Gardons-nous donc bien de geindre
> Si rien ne reste debout :

> L'homme serait trop à plaindre
> S'il se souvenait de tout.
> La mère de la science,
> Qu'est-ce? sinon l'ignorance;
> Et si savoir c'est sentir,
> Apprendre est donc un plaisir.

Genève, dont la population est aujourd'hui de quarante mille âmes, doit sa richesse à l'industrie. On y compte plus de grandes fortunes que dans des villes plus considérables. Mais un autre titre dont les Genèvois sont très-fiers, et avec raison, c'est le grand nombre d'hommes éminents dans les lettres, les sciences et les arts qu'a produits leur ville, où l'instruction est peut-être plus générale que dans aucune autre.

La science y attire cependant bien moins d'étrangers que sa position, l'une des plus belles de l'Europe. Néanmoins, c'est plutôt une ville de commerce que de plaisir, et avec tout son mérite et son savoir, la société ne passe pas pour y être amusante. Les Genèvois sont renommés pour leur habileté en affaires et leur tact en politique: la haute diplomatie s'y est souvent recrutée. Ils joignent à la finesse italienne la volonté et la ténacité suisses: aussi font-ils souvent fortune.

Mon cicérone me conduit d'abord à la cathédrale dont l'origine est fort ancienne, car on prétend qu'elle est bâtie sur l'emplacement d'un temple romain. Sa construction date du ixe siècle. On y voit, entr'autres tombeaux, celui de Henri duc de Rohan, exilé par Richelieu comme protestant, et tué à Rheinfelden. Il est auteur de plusieurs ouvrages sur l'art de la guerre, ouvrages estimés de son temps et que l'on consulte encore.

Une autre célébrité française repose dans cette même église : Théodore-Agrippa d'Aubigné, aïeul de Mme de Maintenon. Protestant zélé comme le duc de Rohan et, comme lui, auteur de divers ouvrages, notamment d'un livre sur l'histoire de 1550 à 1617, il fut aussi exilé et mourut à Genève en 1630.

Les stalles des chanoines, devenues les siéges des pasteurs et des membres du consistoire, attirent également les regards, mais moins que le fauteuil de Calvin qu'on y montre aussi.

Comme architecture, cet édifice n'a rien qu'on puisse comparer aux belles églises d'Italie et à nos cathédrales gothiques de France. Son emménagement puritain ne flatte pas l'œil. La Réforme n'a pas embelli les églises et, sous le rapport des arts, elle a été, jusqu'à certain point, la réforme du bon goût. Mais, d'un autre côté, il faut dire qu'elle a fait faire un grand pas à l'industrie, et que si elle déclara la guerre au commerce des indulgences, elle a donné un grand élan à la spéculation honnête et, par cela même, utile. La France, comme l'Allemagne et la Suisse, lui a dû beaucoup sous ce rapport.

On me fait voir la maison de Calvin, auquel, bien que Picard et malgré son titre de pape de Genève, je ne pardonne pas le meurtre de Servet. Ce n'était guère la peine de faire une réforme pour imiter l'inquisition, rallumer les bûchers et frapper Genève du stigmate d'un auto-da-fé.

Cette maison de Calvin a subi aussi sa réforme : elle a été si souvent réparée qu'il n'en reste que l'escalier. En le montant, je me demandais quelle devait être la pensée de cet homme après l'assassinat juridique qu'il venait de commettre. Etait-ce la joie du triomphe, ou le remords d'une mauvaise action? — C'était la joie sans doute: politique ou religieux, le fanatisme, tant que l'accès dure, n'a pas de remords. Les mégères marseillaises, que j'ai citées, n'en avaient pas; elles se croyaient de saintes femmes et communiaient tous les jours. Jacques Clément, en poignardant Henri III, pensait faire une œuvre pie; et tel des massacreurs de septembre, applaudi par la populace et fêté par les ordonnateurs de cette boucherie, a pu, pendant vingt-quatre heures, se considérer comme un héros et l'un des sauveurs de la patrie. Si quelques-uns travaillaient pour de l'argent — et quel argent! deux francs par jour, — les autres le faisaient par pur zèle et pour l'honneur de la chose, afin de pouvoir s'en vanter. Plusieurs individus ne se sont-ils pas glorifiés d'avoir tué l'archevêque de Paris? Ils mentaient: on n'a jamais connu le véritable meurtrier; il est même à croire qu'il n'y en eut pas, et qu'il fut atteint par une balle perdue ou qui ne lui était pas destinée.

Au musée, on s'est occupé principalement de former la collection zoologique des animaux du pays: ours, chamois, bouquetins, marmottes, etc. La série des poissons du lac est complète; on y remarque une truite de vingt-deux kilos. Il est certains poissons qui croissent indéfiniment, il suffit de les laisser vivre; mais un poisson mourant de vieillesse est certainement chose rare. Cela ne doit jamais arriver dans le lac de Genève: on leur laisse à peine le temps de grossir. On y voyait autrefois des brochets de vingt-cinq kilos; on n'en rencontre plus. On y pêche encore des carpes de quinze kilos. Les saumons ne s'y montrent qu'accidentellement.

C'est la ville qui loue la pêche : elle produit chaque jour de deux cent cinquante à trois cents kilos de poisson. Au lieu de rejeter à l'eau les femelles et le fretin, on garde tout, ce qui finira, si l'on n'y veille, par ruiner la pêcherie.

Le beau poisson est porté à Lyon. Ici, dans les hôtels, on ne sert guère que des poissons pesant à peine un kilo et le plus souvent beaucoup moins, et pas toujours frais. Ajoutons qu'on les accommode fort mal ; en revanche, on les vante beaucoup.

On montre aussi, dans ce musée, un éléphant empaillé qui, en 1827, s'étant échappé d'une ménagerie, se mit à courir la ville où, attiré par l'odeur des alcools, il a enfoncé la devanture de la boutique d'un liquoriste, y a débouché des bouteilles de liqueur comme il était accoutumé de le faire au cirque, et s'est enivré jusqu'à la fureur. Il a saisi son cornac qui voulait le ramener, le lança en l'air et acheva de le tuer. Etant entré dans la rue qui conduit à l'arsenal, on en a ouvert les portes, et on l'attaqua à coups de fusil, mais sans effet. On en est venu à une pièce de six, et on l'a tué en tirant sur lui à dix pas.

Mon conducteur me dit que cet événement s'était renouvelé en avril 1838, et qu'on l'attribuait à la même cause, c'est-à-dire au vin ou à la liqueur qu'on faisait boire à l'animal durant les représentations ou exhibitions qui avaient lieu à toutes les heures du jour. La cervelle des bêtes, quelque grosses qu'elles soient, ne résiste pas plus que la nôtre à ces libations continues dont les éléphants sont d'ailleurs très-friands. Le premier était un mâle ; cette fois, c'était une femelle ordinairement très-douce. On fut également obligé de la tuer : ce fut dans les fortifications que l'exécution eut lieu.

Enfin, le narrateur prétendait qu'en 1856 un troisième éléphant était aussi devenu furieux à Genève, et il n'avait pas bu. Est-ce l'air vif des montagnes qui en était cause? Dans ce cas, Annibal a eu fort à faire quand il y faisait voyager les siens, et je ne m'étonnerais pas qu'on retrouvât leurs os sur la route. Ceci pourrait donner raison au naturaliste de l'autre siècle qui démontrait si logiquement et surtout si savamment que les os fossiles d'éléphant qu'on rencontre dans les couches transalpines ne pouvaient être que ceux des animaux du général carthaginois. Voltaire lui-même avait, dit-on, adopté cette opinion.

L'arsenal, comme tous ceux de la Suisse, renferme de belles armures anciennes. Il n'est aucune ville en Europe, et probablement au monde, qui ait, relativement à sa population, autant d'établissements utiles, d'institutions publiques, de sociétés d'instruction, d'écoles, de pensionnats, enfin de moyens d'enseignement que Genève. Sciences, arts, industrie, commerce, on peut tout y apprendre, et ceci à peu de frais et bien souvent gratis. On compte soixante mille volumes dans la bibliothèque publique, et six cents manuscrits, parmi lesquels il en est de fort précieux, notamment les *Homélies* de saint Augustin, sur papyrus du vi° siècle.

Genève, comme nos villes de France, et surtout par l'exemple de Paris, songe à s'embellir et s'étendre. A cet effet, on détruit les fortifications devenues assez inutiles à notre époque.

Je vais faire une visite à M. Pictet. Il était en voyage et, à mon grand regret, je n'ai pu le voir.

Je reconnais la maison de feu mon ami le comte de Sellon, mort trop tôt pour la science et pour l'humanité. Il consacra toute sa vie à prêcher la paix universelle, mais *vox clamantis in deserto.* C'est que pour l'obtenir il faudrait d'abord changer les hommes en anges : encore en a-t-on vu de batailleurs.

Le musée, fondé par le général Rath dont il porte le nom, a bien aussi son intérêt. En outre des œuvres des peintres genèvois, il y a des tableaux des grands maîtres.

Je visite encore quelques établissements, une église, une synagogue, etc. Je suis reçu partout avec une urbanité parfaite.

Du pont des Berques, on a la vue de l'île de Jean-Jacques et du port, et en se retournant, celle du Mont-Salève, du Mont-Blanc, de l'Aiguille du Midi, de l'Aiguille Verte, de celle de Tanninges, etc. C'est ici le pays des vues et des promenades.

D'un autre point plus élevé, je distingue la jonction de l'Arve et du Rhône, l'Arve aux eaux blanches, le Rhône aux eaux bleues, et Carouge, qui sera bientôt faubourg de Genève. A mes pieds est un pont de fer, et au loin, une vaste étendue de jardins légumiers ressemblant à un damier. A gauche, dans les rochers sur le Rhône, de petits vignobles et un bois. A droite, les montagnes.

A gauche, on me montre aussi l'asile des vieillards où, pour trente francs par mois, on a logement, déjeûner de café au lait et pain ; à midi, potage, légumes et rôti; à quatre heures, café, pain et beurre; à huit heures, riz au lait, fromage et pain. Pour boisson, un carafon de vin à dîner et un autre à souper.

En faisant un mouvement, nous voyons d'autres montagnes, des glaciers, et encore le lac sur lequel la vue s'étend au loin; le Rhône, l'Arve, des maisons de campagne, notamment celles de M. Dufour, de M. Robert Peel, de M. Bartolony qui a donné cent mille francs à la ville pour un jardin botanique.

Je reconnais, à distance, la colline où est la campagne de mon ami et compatriote le comte de Riencourt.

Tout ceci forme un magnifique ensemble.

Au total, j'ai bien employé mon temps à Genève. J'avais une bonne voiture et un cocher qui connaissait les lieux, enfin un cicérone qui avait une certaine instruction. Ils m'ont fait voir, en quelques heures, ce que, seul, je n'aurais pu visiter en trois jours : il est vrai que j'étais favorisé par un temps magnifique.

Les hôtels de premier ordre sont fort chers à Genève. Les salons sont riches, les valets parfaitement mis, les tables couvertes, comme en Angleterre, de cloches d'argent ou de plaqué, sous lesquelles les plats restent invisibles, et qui le sont presqu'encore lorsqu'on enlève ces brillantes couvertures qui cachent toujours une trahison. La vérité est que les dîners dorés de Genève, qui coûtent quatre francs à table d'hôte, sans compter le vin, ne valent pas même les dîners de deux francs de Paris. Cependant la vie n'y doit pas être chère, si j'en juge à ce qu'on donne pour un franc par jour à l'asile des vieillards, et aux prix indiqués pour les hôtels de deuxième et troisième ordres.

Ces grands hôtels, en résumé, gagnent peut-être moins que les petits en faisant payer le double, car il est certain que ce luxe d'appartements, de meubles, de domestiques doit entraîner une mise de fonds considérable. Ils spéculent sur la vanité, ce préjugé des voyageurs de qualité qui font moins attention aux mets qu'aux plats qui les contiennent, et qui feraient la grimace devant l'ambroisie même, si on la leur servait dans un vase de terre.

On a aussi à Genève, comme dans les hôtels de Londres, pour dédommagement d'un dîner léger, l'abondance et même la surabondance des couteaux et fourchettes qu'on vous sert à poignées ; mais je m'arrange mieux de ce surcroît d'outils culinaires que de celui des gens de service qui semblent là moins pour vous aider à manger que pour vous en empêcher : lents à remplir votre assiette, ils sont d'une prestesse singulière à vous en débarrasser, et si vous avez la moindre distraction, vous ne trouvez plus devant vous qu'une assiette avec une douzaine de couteaux.

J'ai à table, en face de moi, un Anglais à grande barbe, à figure distinguée et accompagnant deux dames. Il demande une demi-bouteille de vin de Champagne et une bouteille vide ; il verse son champagne dans celle-ci et la remplit avec de l'eau. Voilà une opération vinicole que je n'avais pas encore vu faire. Du reste, ces dames et le gentleman lui-même paraissent fort goûter ce mélange. Mais il nous arrive un autre rafraîchissement auquel je ne m'attendais guère : le jour finissait et nous voyions à peine clair. Quelqu'un s'en plaignit à un des garçons qui s'empressa d'ouvrir toutes les fenêtres. En effet, on y vit mieux, mais on n'en eut pas plus chaud, car la nuit était assez fraîche.

Près de moi étaient encore des Anglais ; bref, toute la table en était garnie : or, rien de moins appétissant qu'une table entourée d'Anglais qui ne se connaissent pas ; jamais ils ne s'adressent la parole, et s'ils ont une famille ou un compagnon, ils ne s'entretiennent qu'à voix basse, semblant toujours craindre que quelqu'un n'intervienne dans leur conversation ; et ces mêmes voyageurs, s'ils se trouvent à une table composée de Français, se montreront gais et aimables. En général, l'Anglais en voyage a horreur de ses compatriotes : faites-lui l'éloge d'un hôtel en lui disant qu'il y a beaucoup d'Anglais, il ne manquera pas d'aller ailleurs. Mais il n'y gagnera rien s'il est à Genève, car il en trouvera partout. Ce n'est certainement pas le plaisir qui les y attire : après avoir admiré son site et rendu pleine justice à ses institutions, il est difficile de ne pas s'y ennuyer quand on n'y est pas venu pour affaires ou si l'on n'y est pas bien recommandé à ceux qui n'en ont pas : or, les gens inoccupés y sont assez difficiles à trouver, si toutefois on en trouve.

Je suis à ma fenêtre, admirant d'un œil ce beau lac et écrivant ceci de l'autre en songeant au plaisir que j'aurai à les quitter demain matin. Tout bien considéré, le Genève guerrier de 1816 était plus animé que le Genève pacifique de 1859.

Je viens d'entendre sonner six heures et je songe déjà à me coucher. Je ne vois pas moyen de passer la soirée autrement que dans mon lit ou le nez sur le papier, mais je viens de mettre mes notes au courant, et je n'ai à lire ni livres ni journaux.

Je descends pour faire une promenade à l'île Rousseau que je vois de ma fenêtre. On m'avait dit qu'il y avait de la musique; j'y trouve deux Anglais bâillant et deux dames assises sur un banc, Anglaises aussi, qui babillent à voix basse, quelques enfants jouant et un vieillard fumant solitairement sa pipe. Quant à la musique, il n'en est pas question; je n'entends que le clapottement du lac et le chamaillis des petits oiseaux qui se disputent, dans les arbres, la meilleure place pour dormir. Les petites branches formant la fourche sont celles qu'ils recherchent : ce sont leurs fauteuils à eux ou leurs stalles; mais il n'y en a pas pour tous, et les plus gros becs ou ceux qui crient et frappent le plus fort gagnent ordinairement le fauteuil tant désiré : c'est comme chez nous.

CHAPITRE XXI.

—

**Départ de Genève. — Rentrée en France. — Lyon.
Route de Dijon.**

—

Le 29 septembre, je me lève à quatre heures. On m'avait dit que c'était celle du départ; il en est cinq, et j'attends encore l'omnibus. Enfin il arrive. Nous partons, et me voici à la gare, installé dans un coupé. Je vais rentrer en France après six semaines d'absence, cela me sourit fort. Le temps est beau et, sous le crépuscule, le paysage est magnifique.

Je m'aperçois bientôt que les wagons de Genève à Lyon sont loin de valoir ceux de la Suisse. Je me trouve à la station de Sattigny au soleil levant; l'effet en est admirable sur les Alpes dont les cimes neigeuses, et surtout celle du Mont-Blanc, semblent dorées, et ne font qu'un avec les nuages également éclairés. Mais la scène change : nous nous trouvons tout d'un coup enveloppés d'un brouillard épais; il nous annonce le Rhône que nous rencontrons encaissé, faisant mille détours entre des bords agrestes. Nous nous en éloignons peu.

Le brouillard se dissipe aussi promptement qu'il est venu, et je revois les Alpes. Le fleuve est à droite. Des collines arides et des montagnes sont à gauche. Pont couvert sur le Rhône. A droite, joli effet de lumière.

A la station de Chancy, le fleuve, que nous suivons toujours, a cessé d'être beau : ses bords, couverts de cailloux roulés, sont élevés de dix mètres au-dessus de l'eau. Plus loin, l'eau semble plus basse. Des îlots où commencent à croître des buissons se montrent de place en place. Ici, le fleuve a presque disparu entre deux rives rocheuses, et il n'a pas plus de quatre à cinq mètres de largeur.

Nous passons deux petits tunnels, puis un troisième qui dure sept à huit minutes. Après Collonge et le fort de l'Ecluse, nous arrivons à la station de Bellegarde, près de laquelle est la porte du Rhône. On nous demande nos passeports qu'on regarde et qu'on nous rend. Je rencontre ici M. Pinchon, fils du directeur des douanes de Brest. Il est sous-inspecteur de cette ligne. Il a vu mon nom sur mon passeport, et il vient me donner des nouvelles de son père, dans la famille duquel j'ai été autrefois bien accueilli en Bretagne. Nous passons deux tunnels. Nous apercevons le Rhône à une grande profondeur sous nos pieds, entre deux rochers à pic. Encore un tunnel. Le courant s'élargit, mais il est toujours tortueux.

Nous sommes dans une vallée sombre. Ici, les rives du fleuve, dont j'estime la hauteur à quarante mètres, sont moins abruptes et plus vertes : on aperçoit des vignes, des terrains cultivés. En approchant de la station de Pyrimont, la voie ferrée est taillée dans le roc formant l'ancienne rive. Là, on est à cinquante mètres au-dessus du fleuve actuel. Qu'est devenue la masse d'eau qui y coulait jadis et qu'il a perdue, car si l'on en juge à ses bords, cette eau est réduite à un tiers? Il en est ainsi de presque tous nos fleuves européens. Est-ce la diminution des masses neigeuses et des glaciers qui a amené ce retrait des eaux? Bien certainement la fonte de ces glaciers contribue à alimenter les fleuves qui y ont leur source. Ce qui a amené la période glaciaire a dû être l'abondance de cette neige et l'extension des glaces qui ont couvert une partie de notre Europe. C'est lorsque le climat s'est adouci et à la fonte de ces amas glacés que les rivières ont roulé le plus d'eau et qu'il a dû s'en former de nouvelles. Ces moyens d'alimentation diminuant, il est facile de voir ce qui doit en résulter.

Après l'épuisement des fleuves et des rivières ou leur transformation en ruisseaux, ces ruisseaux devront disparaître à leur tour. Alors que deviendront les campagnes qu'ils arrosent? — Il s'en formera d'autres, dira-t-on. — C'est possible; mais depuis la période historique, nous n'en avons pas eu d'exemple : on ne connaît pas de rivière de formation moderne. Notre planète, si souvent ravagée par des crues d'eau, est-elle destinée à périr par la sécheresse et à devenir un Sahara? Les océans eux-mêmes voient leurs eaux baisser. Sans doute il est des points où la mer empiète sur les terres, mais c'est chose locale ou accidentelle, et, considérée dans leur ensemble, la somme de leurs eaux est bien moindre qu'elle n'a été dans le principe. Evidemment la portion solide du globe croît au détriment de sa partie liquide; elle continue à se condenser, et en augmentant en poids par les additions extérieures, aérolithes et autres, elle ne paraît pas gagner en volume ou en étendue : peut-être même est-ce le contraire qui arrive. Où cela s'arrêtera-t-il ? Un monde peut périr par un excès de condensation comme par une trop grande dilatation.

Dans cette condensation de la terre dont nous pouvons suivre les progrès, les mers intérieures ou *méditerranées* doivent disparaître les premières, et nous en avons sous les yeux de nombreux exemples dans ces bancs coquilliers qu'aujourd'hui nous foulons aux pieds; mais lorsque ces mers ont tari ou ont changé de place, les grandes espèces terrestres n'existaient pas ou étaient peu nombreuses : de là l'absence ou la rareté de leurs débris. Il n'en serait plus de même aujourd'hui, et quelles richesses n'offrirait pas le fond de ces mers sillonnées par nos vaisseaux ? Combien de millions de ces vaisseaux n'y ont-ils pas disparu ? Que de matières précieuses, que de chefs-d'œuvre de l'art leurs eaux ne couvrent-elles pas ! Et avec ces objets de l'industrie humaine, que de produits d'une nature jusqu'alors inaperçue ! Que de formes inconnues d'animaux submergés par ces déluges ! d'hommes même témoins des temps géologiques et dont les races n'ont plus de similaires sur la terre ! Oui ! le fond des mers, cet aboutissant de tous les fleuves, de tous les torrents, de toutes les eaux enfin qui balayèrent le globe, est devenu le dépôt général, le grand ossuaire de êtres qui ont vécu sur sa surface. Ces abîmes, où la tempête ne pénètre pas, sont conservateurs : là, des myriades d'animalcules, après avoir vécu des parties molles des corps, s'attachent aux charpentes osseuses et les couvrent d'un test qui les éternise. Ainsi que tout ce qui est matière, notre globe finira; mais avant que cette fin arrive, ses habitants auront encore appris bien des choses, car de ce globe nous ne connaissons pas la millième partie.

Mais j'en reviens à mon voyage. Nous côtoyons toujours le Rhône. La campagne ne s'embellit pas; on est encaissé entre des masses alluviennes. Une île de sable, où végètent quelques buissons souvent inondés, partage la rivière.

Le fleuve continue à se déployer; il est ici large comme est la Seine à Paris, et, un peu plus loin, comme est la Tamise à Londres, mais peu profond.

A la station de Seyssel, le Rhône devient navigable; il s'élargit encore, et la vallée s'étend avec lui. On aperçoit partout des vignes : le vin de Seyssel a une certaine réputation. L'eau du fleuve semble bleue. Je vois un bateau en marche, et quatre petits canots sur la rive.

Il est huit heures un quart. La vallée, qui tout entière a dû être l'ancien lit du Rhône, a cent deux kilomètres de large. Montagnes à droite; à gauche, des vignes.

Voici la station de Culoz. Non loin de là, près d'Artemore, sont la cascade de Cerveyrieu qui tombe de cinquante mètres de hauteur, et le mont Colombey, du haut duquel on a, dit-on, une vue des plus étendues;

mais les voies ferrées sont impitoyables, et il faut passer
sans rien voir. Il y a bien des choses à faire encore
pour humaniser la vapeur et la rendre tout-à-fait pratique dans son application au transport des individus;
elle est à la fois trop dispendieuse et trop dangereuse
pour qu'on la laisse dans l'état où nous l'acceptons
aujourd'hui.

La journée, qui avait commencé par un si beau soleil,
s'est gâtée : il pleut à verse. C'est sous cette ondée que
nous touchons aux stations de Virieu, Rossillon, Tenay,
Saint-Rambert, en admirant ces vignobles reverdissant
sous la pluie qui semblait les mettre en liesse. A Ambe-
rieux, nous changeons de voie; celle que nous quittons
conduit à Mâcon, et c'est à Lyon que je vais.

Les stations que nous parcourons sont : Ligment,
Meximieux, Montluel, Beynost, Miribel, etc. Nous nous
écartons peu du Rhône devenu maintenant un beau
fleuve. Partout des terres bien cultivées, des arbres
fruitiers, des vignes. Sur le fleuve, de nombreux bateaux.

J'étais venu à Lyon avec l'intention d'y rester un
jour, mais qu'y faire par cette pluie battante? Il était
midi, j'aurais pu attendre une éclaircie jusqu'au soir;
je me décide à passer outre et à aller coucher à Dijon.

Pour en gagner la gare, il fallait traverser toute la
ville. Je n'en fus pas fâché : à l'abri de la pluie dans
une bonne voiture, je vois les quais, les deux rivières,
la place Belcourt, la rue Royale, les boulevards, les
Brotteaux. J'admire encore la magnifique position de
cette ville dont on pourrait, sans frais excessifs, et
peut-être avec grand profit, faire une des plus belles

cités du monde et la première de la France après Paris.
Peut-être un jour s'y décidera-t-on en commençant par
la débarrasser de ses fortifications. Certes, Florence est
une belle ville, grâce surtout à son fleuve, ses quais
et ses palais, mais avec les deux fleuves et les doubles
quais de Lyon on peut aisément faire surgir deux
Florence.

C'est à Lyon que je vis un modèle qui, à ma connaissance, n'a encore figuré dans aucune exposition. On m'y
servit, à mon dîner, une bouteille de mâcon dit *fleuri*.
Elle était de bonne taille, et je ne croyais pas en con-
sommer la moitié. La fatigue m'avait altéré, j'en bus
avec de l'eau. Au dessert, voulant le goûter pur, j'essaie
de verser, mais il ne coule rien. Je crois qu'un bouchon
interrompait le passage du liquide, car la bouteille avait
encore son poids. L'ayant examinée, je reconnus qu'elle
était bien réellement vide, et je restai en extase devant
ce chef-d'œuvre de l'industrie rapinière. Dressé vers
le bouchon, le fond de la bouteille s'élevait, comme un
clocher, dans l'intérieur. Sur les flancs, l'épaisseur du
verre était d'un bon centimètre; de façon que ce litre
apparent, et qu'on payait comme tel, en contenait à
peine la moitié. L'auteur de cette invention méritait
bien une médaille de première classe.

L'indulgence de nos tribunaux pour ce genre de vol
est vraiment inexplicable. Je demande d'abord pourquoi
l'on tolère la fabrication de semblables bouteilles qu'on
peut qualifier d'outils de voleur? N'étant commandés
et fabriquées à autre fin que de tromper le public, ils
devraient être saisis et brisés chez tous les fabricants,
marchands et débitants de liquide qui en sont trouvés

possesseurs, à moins qu'une étiquette n'indiquât leur contenu réel.

Mais voilà le plus curieux de la chose et la preuve de l'indulgence que la justice elle-même accorde à l'industrialisme : lorsqu'un de ces habiles est ainsi parvenu à faire payer pour litre ce qui n'en est que la moitié, et de gagner cent pour cent sur une pièce de vin, ou deux cents si l'on tient compte de l'eau qu'il y ajoute, s'il est pris en flagrant délit, jugé et condamné, ce sera en quinze francs d'amende, condamnation qui, en légitimant le bénéfice escroqué, loin d'être une peine, devient une sorte d'encouragement.

Malheureusement ces fraudes, et de pires encore, ont été pratiquées sur l'étranger : on y a envoyé des caisses de vin en bouteilles dont celles du premier rang étaient bonnes et les autres détestables. On a fait mieux : pour seconde rangée, on a mis des bouteilles cassées en humectant de lie la paille qui les enveloppait, de façon à faire croire qu'elles avaient été brisées en route, mais on n'en exigeait pas moins le paiement intégral. Ces filouteries ont fait un tort considérable au commerce français.

La gare où l'on prend la voie de Paris est une élégante construction d'où la vue s'étend sur un somptueux paysage. De nombreuses maisons de campagne et de vastes fabriques se révèlent de tout côté. Les collines sont couvertes de vignes ; nulle part, sauf sur la voie, on n'aperçoit le sol nu : c'est qu'ici chaque toise est une mine d'or, et que celles de la Californie n'en ont jamais tant produit.

Il est trois heures. Le temps, qui s'éclaircissait, revient à la pluie. J'ai bien fait de partir.

Nous arrivons à une gare non moins vaste que celle de Lyon. A mesure que nous avançons, la campagne semble s'embellir encore. De toutes parts, sur la colline et par étages, on aperçoit des villages plus élégants les uns que les autres. Ils sont si rapprochés qu'on croirait toujours être dans Lyon ou sa banlieue. Je ne connais aucune capitale dont les abords soient si magnifiques; cela dure deux à trois stations. Culture parfaite, collines coupées de petites vallées ayant chacune ses châteaux, ses jardins, ses plantations; puis viennent des vignes, des champs cultivés, et toujours de jolies habitations et des fabriques.—A la quatrième station, cela continue encore.

Nous avons passé deux ou trois petits tunnels. Le temps se remet au beau. Station de Collonge, que j'ai déjà traversée. Même richesse d'habitations et de culture.

A la station suivante, la vallée s'élargit et la rivière s'éloigne, mais à celle de Neuville, nous nous en rapprochons. Toujours des villas, des usines: nous sommes dans la terre promise. Je n'ai vu, en France, de campagne aussi riche et couverte d'autant d'habitations et de fabriques que celle qu'on traverse d'Yvetot à Rouen.

A quatre heures et demie, nous sommes à Saint-Germain-du-Plain. La vallée se rétrécit; nous suivons toujours la rivière. Au loin, de nombreux villages ou hameaux sur la colline ou à mi-côte.

Voici Trévoux, qui a aussi ses ruines et son quai sur la Saône, mais plus connu au XVIIIe siècle par son imprimerie, son journal, son dictionnaire, ses jésuites et leurs combats contre les philosophes.

Ici, les villages et les habitations sont moins rapprochés, cependant la campagne y est riche ; le jardinage et la culture dite *maraichère* n'y sont pas moins perfectionnés que dans les alentours de Paris et aux environs d'Abbeville où nos jardiniers, avec un coin de terre, en y multipliant leurs récoltes et en variant habilement leurs produits, parviennent tous à s'enrichir.

J'aperçois aussi des champs de courges, mais moins monstrueuses que celles de la Somme qui ont quelquefois remporté le prix au concours de Paris. On sait que ces gros légumes y ont leurs jours de fête, et qu'il y a des palmes pour le vainqueur. Ce n'est pas, comme chez les chevaux, la légèreté qui triomphe, c'est la rotondité et la pesanteur.

> Des royautés de nos pays
> Formant l'empire de Pomone;
> Il en est une qu'on patronne :
> C'est celle qu'à la fin d'automne
> La bonne ville de Paris,
> Au bruit de la cloche qui sonne,
> Chaque année, aux halles, couronne.
>
> Minerve, Junon et Cypris
> Et tous leurs appas réunis,
> Jamais n'auraient formé la somme
> Qu'aurait pu montrer à Pâris,
> Quand il dut adjuger la pomme,
> La déité que je vous dis.
>
> Oui! seule elle aurait eu le prix
> Et sans discussions ni brouilles,
> Car près d'elle, courges, melons
> Et pastèques et giraumons
> N'eussent semblé que des cornouilles.
> Pour l'embrasser, il faut six bras :
> Neuf pieds de tour pris au compas,
> Trois quintaux, poids de marc. Hourras!
> Vive la reine des citrouilles !

> Mais, seule, que faire ici-bas?
> Être seule, c'est n'être pas :
> Veuve, on n'est guère souveraine.
> Il fallait un roi pour la reine,
> Ou sinon, pas de rejetons.
> En vérité, c'était dommage !
> Dieu compléta donc son ouvrage
> Et fit le roi des potirons

Nous traversons un pont sur une rivière à sec. Je me demande : dans ce cas, que deviennent les poissons? Probablement qu'ils ont leur lieu de refuge inconnu aux pêcheurs, car après un orage et quand l'eau est devenue claire, on les voit reparaître. Bien certainement ils ne tombent pas du ciel, pas plus que ces légions de petits crapauds qu'on voit aussi, après la pluie, courir sur la terre.

A gauche, nous retrouvons des villages, des prairies entourées de saules, et des bestiaux. A droite, des vignes sur la colline.

Nous passons successivement les stations d'Anse, de Villefranche et de Saint-Georges, jolie situation dans une plaine, avec des collines plus loin. Est-ce le Saint-Georges dont le vin est renommé?—Là, me quitte un couple, mari et femme, causant bien, de manières fort aimables, et que je regrette de voir partir.

A la station de Belleville, une nuée de nonnes attendait le convoi. L'administration ne comptait pas sur cette invasion. Les secondes, où elles voulaient se placer, étaient pleines, et elles ne se souciaient pas des troisièmes. On se décida à les mettre aux premières, et comme j'étais seul dans mon wagon, on m'en donna sept.

La présence d'un homme inconnu et à moustaches

parut d'abord les intimider, mais elles se rassurèrent
bientôt. Ma place du coin, que je donnai à la plus vieille
qui paraissait sinon la supérieure, du moins la conduc-
trice, me mit au mieux avec l'escouade entière qui, peu
après, très-satisfaite de voir du pays, se mit à babiller
et à rire de bon cœur.

Station de Romanèche : des coteaux, des vignes, des
champs bien cultivés, mais peu de maisons isolées.

Station de Pontanevaux, etc.

A Mâcon, mes nonnes me quittent en me souhaitant
bon voyage, ce que je leur souhaitai aussi, car le leur
commençait à peine : d'après ce qu'elles m'avaient dit,
elles allaient s'embarquer pour les pays lointains. En
reviendront-elles ?

Me voilà resté seul dans mon wagon, attendant le
signal. On allait partir, quand j'apprends, ce qu'on ne
m'avait pas dit, qu'il fallait ici changer de train pour
aller à Dijon. Je n'eus que le temps de sauter dehors et
de gagner l'autre train qui sonnait son dernier coup et
allait quitter la gare. Je cherchai bien vite un wagon
des premières, mais ils étaient tous remplis, et je dé-
sespérais de partir, lorsque je m'entendis appeler des
secondes : c'étaient mes nonnes qui, voyant mon embarras, m'offraient une place. Il n'y avait pas de temps
à perdre, on donnait le coup de sifflet du départ. Je
m'élançai au milieu de ces bonnes filles qui m'accueil-
lirent comme une vieille connaissance. Il n'est pas moins
vrai que sans elles je restais en route.

De Mâcon à Dijon, nous traversons les plus riches
vignobles. Il suffira d'en nommer quelques-uns : Meur-
sault, Beaune, Nuits, Vougeot, etc. Mais la nuit est

venue; j'entrevois partout des coteaux, des vignes, des habitations. Je suis heureux de mon pays, et je ne jalouse plus les Suisses pour leurs vins de Vaux, d'Ivorne, de Cortaillons, de Bouvillon, etc., que j'ai trouvés fort bons sans doute, mais l'hospitalité de cet excellent commandant Scholl y était bien pour quelque chose.

En résumé, la route m'a paru courte, et le babil de mes gentilles nonnettes ne m'ennuyait pas.

Arrivé à Dijon, tandis qu'on déchargeait mon bagage, je vis quelques personnes ramassées autour d'un monsieur qui sortait tout ébouriffé d'un *closet*, s'en prenant au ciel et à la terre. Voilà ce qui venait de lui arriver : pendant les quelques minutes d'arrêt du train qui le conduisait à Marseille, étant allé audit *closet*, il s'y était si bien enfermé qu'il ne pouvait plus l'ouvrir, et c'est de là qu'il entendait la cloche du départ, puis le sifflet dernier avertissement; bref, le train filait à toute vapeur quand on entendit ses cris et qu'on vint le délivrer de sa prison.

C'était un Anglais. Passe s'il eût été seul, il en était quitte pour attendre un autre train; mais il était marié, et tout nouvellement, nous dit un voyageur, et le wagon emportait sa femme jeune et jolie, à laquelle, suivant l'usage, il faisait voir le pays pour sa lune de miel. Véritablement le tour était piquant et la position désagréable. Aussi, notre pauvre marié était si abasourdi qu'il ne pouvait plus même jurer :

> De maudissons son cœur était à sec,
> Et les *goddam* expiraient sur son bec.

Ne sachant quel parti prendre, il allait comptant son

aventure à chaque arrivant qui lui riait au nez. J'en
eus pitié : je le conduisis au chef de gare qui fit à
l'instant partir une dépêche télégraphique adressée à
son confrère de Lyon pour que l'épouse abandonnée y
attendît son mari.

J'allai descendre à l'hôtel de la Cloche dont on m'a-
vait vanté le confortable. Mon nouvel ami, à qui son
chagrin n'avait pas ôté l'appétit, m'y suivit, et nous y
soupâmes ensemble. Quelques verres de mâcon le rassurèrent complètement, et quand l'omnibus vint le
chercher pour le reconduire à la gare, son état était
des plus satisfaisants.

CHAPITRE XXII.

Dijon. — Paris. — Abbeville.

—

Le 30 septembre, je me réveille bien reposé. J'étais couché dans un lit français, j'avais dormi, oui! dormi tout-à-fait, ce qui ne m'était pas arrivé de longtemps, à mon grand ennui.

> Ah! que veiller est métier rude!
> Et combien c'est-bon de dormir!
> Si ce n'est la béatitude
> Que Dieu promet pour avenir
> Aux élus dont l'unique étude
> Fut de l'aimer et le servir,
> Ce doit en être le prélude.
>
> Mourir, au fait, me déplaît fort,
> Mais qu'on est bien dès qu'on est mort!
> Si douce est la métamorphose
> Qu'à peine a-t-on sauté le pas,
> Puis un peu goûté de la chose,
> Qu'on ne veut plus rien ici-bas
> Que le nid où l'on vous dépose.
>
> Mes bons amis, ayez bien soin
> Qu'on n'embarrasse pas ce coin

Du platras de l'apothéose :
De marbre ici point n'est besoin.
Qu'à l'aise y fleurisse le foin !
Surtout pas de vers ni de prose,
Ni *Requiem* à grand fracas.
Je ne voudrais, à mon trépas,
Que les oiseaux pour virtuoses :
Tout seuls ils feront bien les choses.
Aux lauriers je ne prétends pas,
Mais laissez-y croître les roses.

Dijon était pour moi une ville nouvelle, et je ne veux pas la quitter sans l'avoir au moins entrevue.

Près de l'hôtel où je loge sont une porte en arc-de-triomphe et une place bien plantée. La rue où est l'hôtel est large et régulière : c'est une belle rue.

La cathédrale, dédiée à sainte Benigne, est d'un bon style. La flèche est surtout renommée pour sa légèreté. Sa cime ou pointe est à cent mètres du sol.

Derrière, on a découvert, en 1858, l'ancienne église. Il paraît qu'il y a quelque danger à la visiter, car le gardien, d'après sa consigne, ne veut point m'y laisser entrer, pas même regarder : il donne pour raison que si j'y regardais, cela donnerait envie aux autres d'y regarder aussi.—Sur ce, je lui demandai quel inconvénient il trouvait à cela.—Il me répondit qu'il était inutile de regarder ce qu'on ne devait pas voir.—Notre gardien était un homme logique. D'ordinaire la nature humaine l'est beaucoup moins, car il n'est personne qui n'ait envie de voir ce qui lui est défendu de regarder, et vous en aurez la preuve par cette simple expérience : pratiquez une petite ouverture dans un mur quelconque, en un lieu qui ne soit pas trop en vue, et écrivez dessus en grosses lettres : *il est défendu de regarder par ce trou;* vous pouvez être assuré que sur vingt personnes qui passeront, il y en aura dix-huit qui, après s'être assurées que nul ne les guette, iront poser leur œil à l'ouverture.

Les promenades de Dijon sont belles et nombreuses : il y en a partout. Dans l'une, on me fait voir un arbre ayant quinze mètres de tour à sa base et sept mètres et demi à hauteur d'homme. La promenade dite *le Parc* est magnifique et s'étend à plus d'un kilomètre ; un beau jet d'eau est à l'entrée.

L'église Saint-Pierre, terminée en 1851, est simple, mais d'un bon goût. Le *Chemin de la Croix,* ou une suite de tableaux qu'on nomme ainsi, peintures à fond doré du style bizantin, est, comme toujours, assez mal dessiné, mais il s'harmonie avec les vitraux et ne gâte rien.

L'église Notre-Dame est fort belle. Sa façade, qui date du XIII° siècle, est fort curieuse. Ses colonnettes sont surtout d'un charmant effet, ainsi que ses trois portes à ogives formant arcades et vestibules. Sur la tour est un jaquemar à trois figures : le père frappe les heures, la mère les demies, et l'enfant les quarts.

L'église Saint-Michel a un portail remarquable : c'est une façade avec trois voûtes et trois portes à médaillons ayant chacun une figure qui ressort en bosse. Cette entrée est vraiment magnifique ; l'intérieur n'y répond pas.

La rue principale, dont le nom m'échappe, est celle où est le théâtre. L'église Saint-Michel y fait face. La place d'Armes, belle aussi, quoique petite, y aboutit. Un vaste palais, dans le style moderne, forme un des côtés de la place d'Armes ; il se nomme, je crois, le Palais des Etats.

La bibliothèque communale est riche de quarante-cinq mille volumes. Je vais faire une visite au bibliothécaire qui m'en fait gracieusement les honneurs.

Rentré à l'hôtel, je déjeûne à table d'hôte avec trois voyageurs : nous n'étions donc que quatre à une table garnie comme pour dix. L'un de ces voyageurs, négociant probablement, pouvait avoir trente ans, grand, rouge et frais ; au total, un bel homme et d'assez bonnes manières, à sa voracité près. Je n'ai jamais vu un tel mangeur : avant qu'on ne servît les plats de résistance, il commença à attaquer les hors-d'œuvre, beurre, radis, olives, anchois, etc., placés de distance en distance pour la consommation de tous. Il eut bientôt vidé ceux de ces petits plats qui étaient à sa portée. On sert un énorme chapon rôti. Le domestique le découpe ; j'en prends un petit morceau, car la table se couvre d'autres mets ; mes deux voisins en font autant. Notre glouton en prend une portion, puis une seconde, une troisième et une quatrième ; quand nous voulûmes revenir à la bête qui était excellente, il l'avait complètement engloutie.

Cependant on avait placé d'autres assiettes de hors-d'œuvre pour de nouveaux convives qu'on attendait et dont les couverts étaient mis à peu de distance de nous. Notre mangeur, avec son couteau, parvenait à les attirer à lui, et, comme les premiers, tous y passèrent.

Un beau poisson, des légumes et deux plats sucrés se succédèrent. A peine étions-nous servis qu'il s'emparait du reste et n'en laissait miette. Les autres voyageurs et moi-même étions en extase devant un pareil appétit qui, certes, s'il était ordinaire chez les convives, mettrait bien vite à l'aumône tous les hôteliers.

Durant tout mon voyage, c'est à Dijon, à l'hôtel de la Cloche, que j'ai été le mieux logé, le mieux couché et le mieux nourri, et au prix le plus modéré.

Les fruits sont bons à Dijon; les pêches dites *des vignes* sont petites, mais très-parfumées. Cette ville est renommée pour sa moutarde et son pain-d'épice, mais, comme on vient de le voir, elle a d'autres mérites.

A midi, je veux prendre le train de Paris : tout est plein, et ce n'est qu'à grand'peine que j'y trouve une place. J'y étais bien installé, quand une jeune et jolie femme vient la réclamer. Je la lui rends, et je ne savais plus où me mettre, lorsqu'un voyageur descendit du wagon, et je me trouvai à côté de la dame. En face de moi étaient un aspirant de marine et quelques individus insignifiants ou somnolents.

Les environs de Dijon, de ce côté, offrent peu de maisons de plaisance et d'usines, mais les champs sont bien cultivés, et les vignobles, où l'on aperçoit des pêchers, sont nombreux.

Je remarquais que ma gentille voisine, chaque fois qu'un employé venait à la portière, s'efforçait de cacher quelque chose, mais je ne pouvais deviner quoi. Bientôt je vis que ce quelque chose remuait : était-ce un enfant? Alors il devait être bien petit. Cependant cela m'intriguait. Elle s'en aperçut, releva son châle, et aussitôt deux yeux noirs, brillant comme des escarboucles, se fixent sur les miens pour savoir si je suis ami ou ennemi : or, ils ne s'y trompèrent pas, et je vis à l'extrémité opposée quelque chose s'agiter : c'était une queue blanche et soyeuse, attachée à la croupe du plus joli animal qu'on pût voir. Alors la jeune femme me dit que c'était une chienne de la Havane qui ne la quittait jamais, mais qu'elle n'osait laisser voir aux employés qui, pour obéir au règlement, enverraient la bête au compartiment des quadrupèdes où elle avait aperçu des gueules capables d'avaler d'un seul coup la pauvre petite havanaise que j'aidai à cacher durant le reste de la route. Elle s'y prêtait de son mieux : reconnaissant bien les uniformes des employés, dès qu'il en venait un à la portière, elle disparaissait dans les plis de la crinoline et ne bougeait plus. Une fois elle lui montra les dents, mais quand il eut le dos tourné.

Grâce à la gentillesse de ma voisine, la traversée de Dijon à Paris me sembla courte. Cette jeune femme, à la physionomie méridionale, parlait purement le français, mais avec un accent étranger qui n'était pas sans attrait. A quelques mots qui lui échappèrent, je pensai qu'elle était attachée à la maison de la reine d'Espagne. Sans être une beauté, sa figure plaisait; elle avait de l'instruction et ne manquait pas d'esprit. Elle finit par me demander mon nom. Je lui présentai ma carte, espérant qu'en retour elle m'offrirait la sienne, mais elle n'en fit rien, et j'en fus pour mes frais de curiosité.

Arrivé à Paris, j'eus quelque peine à me loger convenablement. Paris laisse encore à désirer sous ce rapport, même dans les meilleurs hôtels, et en payant fort cher on est toujours à l'étroit : j'aime les maisons où l'on respire.

Je commence à croire que les bains d'Aix, quoique je les aie pris en conscience, m'ont été d'un médiocre secours. Je marche assez bien, mais j'éprouve une douleur à la nuque qui me fatigue et m'attriste.

Grand Esculape et vous Hygie,
Vous docteur en thérapeutie,
Source où tous les matins je bois
Le calice jusqu'à la lie,
Bains tièdes, bains chauds et bains froids,
Douche, ainsi qu'un bouquet d'ortie
Mordant ma chair endolorie,
Qu'avez-vous donc fait de ma peau ?
En la voyant noire et meurtrie,
Tel qu'un noyé sortant de l'eau,
Voulez-vous donc que je dédie
Un autel à ce dieu nouveau
Créateur de l'hydromanie ?
Non ! je n'ai qu'à mordre mes doigts,
Car au lieu d'un mal, j'en ai trois :
Le remède, la maladie,
Plus les écus que je vous dois.

Le lendemain, je me lève débarrassé de mes douleurs, mais je tremble qu'elles ne reviennent : rien ne me fait plus peur que les bobos. Une bonne maladie vous absorbe, vous endort : on laisse l'inquiétude au médecin et aux amis, c'est leur affaire : tant pis pour eux s'ils se désolent. Quant aux bobos, c'est différent : on hausse les épaules si vous vous plaignez ; on pouffe de rire si vous criez ; bref, on finit par vous mettre en colère ; mais c'est un remède aussi bon qu'un autre, meilleur même, car il calme la douleur comme par enchantement ; cependant, vu qu'on ne peut pas se tenir toujours dans cet état, le mal ne tarde pas à revenir.

Cette douleur à la nuque, que tout le monde a plus ou moins éprouvée, car elle vient d'un excès de travail comme d'un trop long repos, n'est pas des plus vives, mais elle est abrutissante. Dans ma jeunesse, j'en ai souffert longtemps ; elle s'est affaiblie en vieillissant. Néanmoins j'en ai grand'peur : lorsque j'en éprouve des atteintes, tout me paraît couvert d'un voile noir. Au surplus, elle a son dédommagement, et elle n'est pas plus tôt passée, que tout semble couleur de rose.

Je vais au théâtre Saint-Martin pour en retirer une pièce en cinq actes que j'avais écrite à Vichy en 1857; elle est intitulée : *les Lingots, ou le retour de la Californie.* La chose faite, je l'ai abandonnée à la grâce de Dieu qui ne l'en a pas comblée, car, de main en main et probablement de refus en refus, elle est arrivée, je ne sais trop comment, chez ledit saint où elle dort depuis bien des mois. Cependant je n'étais pas fâché de recouvrer mon manuscrit : j'en ai ainsi perdu plus d'un, et, par suite, je me suis aperçu qu'il y avait toujours eu là quelqu'un pour les trouver. A la suite des armées, on rencontre d'ordinaire un certain nombre de soldats traînards, lesquels, sauf leur personne, ne laissent rien traîner. Napoléon Ier les nommait *les fricoteurs;* il les aimait peu, et de temps en temps, pour l'exemple, il en faisait une fricassée. La littérature a également ses fricoteurs qui, eux aussi, ne laissent rien perdre; grande armée dont Paris est le quartier-général, corps spécial qui n'est pas riche en idées, mais qui a un talent particulier pour exploiter celles des autres et les accommoder au goût du jour. Sans doute tous ne sont pas des Vatel, et il en est qu'on pourrait, sans trop de sévérité, qualifier de gargotiers, mais il en est aussi qui ont porté leur art à une grande hauteur et qui sont ce que je nommerai les cordons-bleus du métier. Connaisseurs en bons morceaux, habiles à les cuisiner et à les servir à point, ils savent merveilleusement, sans avoir rien mis du leur, en composer un menu très-présentable.

Admirateur de toutes les supériorités, même en cuisine, loin de moi le désir de les voir traiter ainsi que faisait l'Empereur à l'égard des fricoteurs militaires; mais comme cette littérature à la tire, où les mains jouent plus que la tête, rapporte d'assez jolis profits à ceux qui la pratiquent, il serait peut-être juste qu'ils fissent une petite part d'auteur aux pauvres ours dont ils ont emprunté l'esprit et mis en œuvre les idées.

Mais j'en étais à mon manuscrit; il s'agissait de le découvrir dans ce dédale qu'on nomme un théâtre. Le concierge, à qui je m'adresse, m'indique ou croit m'indiquer le bureau de l'archiviste ou conservateur des papiers, et me voilà en quête, me rappelant semblable recherche que j'avais faite quelque trente ans avant pour retrouver aussi le manuscrit d'un opéra perdu dans les abîmes du théâtre Feydeau. Le soleil ne paraît pas être l'ami des salles de Paris : soit dégoût pour l'odeur de l'huile, soit qu'il ne veuille pas faire concurrence au gaz, enfin soit qu'en sa qualité de poète ayant présenté quelque pièce qui n'a pas été reçue, il leur porte rancune, jamais il ne pénètre dans leurs corridors, et je n'avais pas fait dix pas, qu'engagé dans un couloir obscur conduisant à dix autres, je me trouvai à quia, comme Thésée ayant perdu le fil d'Ariane, et, de toutes ces ouvertures aussi sombres que poudreuses, je ne savais laquelle prendre. Je vais frapper à dix portes, mais on ne répond nulle part. Enfin une onzième s'agite : une voix me répond sans m'ouvrir que le bureau de l'archiviste n'est pas à cet étage et qu'il faut monter plus haut.

M'y voici, non sans m'être cogné dix fois la tête

aux angles que je rencontrais à chaque pas. Ici, l'obscurité était telle, que j'en étais venu à tâter les murs
pour savoir s'il y avait des portes. Enfin, j'en trouve
une. Je frappe. On ouvre, mais ce n'est point encore le
cabinet de l'archiviste : il faut redescendre et prendre
un autre escalier.

A bout de patience, j'allais renoncer à ma recherche,
quand j'entends le bruit de quelque chose qui approchait : c'était un être vivant et dont j'appréciai surtout
l'humanité lorsqu'il me dit qu'il allait justement dans le
quartier des archives et que je pouvais le suivre, ce
que je fis de grand cœur.

Enfin, sous la conduite de cet homme bienveillant
que je sus être l'allumeur chargé d'éclairer les passages
les plus difficiles, j'arrivai à la porte tant cherchée,
où, après avoir discrètement frappé, je fus autorisé à
pénétrer par ce cri de bon augure : *entrez*.

L'archiviste ou son suppléant, le chapeau sur l'o-
reille, et qui y tenait bien, car il ne l'ôta pas à mon
salut, était assis à une table, bâillant comme fait à
Paris tout commis d'administration sur son siége ou
dans l'exercice de ses fonctions. Je lui demandai respectueusement le manuscrit d'une pièce en cinq actes,
intitulée : *les Lingots, ou le retour de la Californie.* Il
me dit qu'il n'en avait pas connaissance et que probablement c'était à un autre théâtre qu'elle avait été
déposée ; et, là-dessus, il me fit une salutation qui
voulait dire : votre audience est terminée, voici la
porte. Mais je ne voulus pas avoir fait tant de chemin
pour rien : j'insistai.

Voyant qu'on ne se débarrassait pas ainsi de moi, il

ouvrit un registre et vit qu'en effet elle y était inscrite. Je le priai donc de me rendre le manuscrit. Il me répondit qu'il le chercherait et que je pourrais repasser dans huit jours. Je me récriai. Alors il m'invita à revenir dans quatre jours. Je refusai même ce terme : je lui dis que, partant le lendemain, il me fallait mon manuscrit. Alors il se décida à ouvrir ses cartons dont je comptai une vingtaine, tous remplis à comble. Il n'y vit rien qui me concernait.

Il sonna. Un homme parut. Il l'envoya au magasin prendre une liasse dont il lui indiqua le numéro. L'homme revint un instant après; il en avait sa charge. On trancha la corde : quelques douzaines de cahiers s'éparpillèrent sur le plancher. Le mien n'y était pas.

Le porteur reficela le tout et s'en fut chercher un autre paquet de même grosseur, sans plus de succès, et pas davantage dans un troisième. Enfin, au quatrième, je fus plus heureux, et, sous un pouce de poussière et une enveloppe de toile d'araignée, je reconnus mon manuscrit, un peu noir, mais vierge et revêtu du même papier, lié avec la même ruban et serré par le même nœud que j'avais fait moi-même. Je remerciai l'archiviste et repris mon cahier en le félicitant sur sa bonne conservation; puis je sortis en plaignant ce digne homme chargé de lire ces montagnes de papiers, si toutefois c'était lui qui était condamné à cette peine, ce dont je doute, car à faire un pareil métier, il n'aurait pas eu le teint si frais.

Je compris alors l'antipathie que les secrétaires, archivistes, administrateurs et directeurs de théâtre doivent avoir pour les manuscrits et leurs auteurs :

c'est une pluie souvent mêlée de tuiles qui leur tombe
incessamment sur la tête, et, certes, il faut l'avoir dure
pour y résister. Les titres que j'avais aperçus en remuant cette poussière dramatique, les quelques phrases
que j'y avais lues, m'avaient donné une idée de la valeur
du reste. Sans doute il peut se trouver une perle dans
ce fumier, mais c'est un quaterne à la loterie, et la
chance est si faible qu'on s'explique comment on ne
s'expose guère à la courir. On peut donc calculer que
sur vingt manuscrits qui sont envoyés ou présentés à
un théâtre parisien, il y en aura les deux tiers qui ne
seront pas même ouverts, et la moitié de l'autre tiers qui
ne seront pas lus jusqu'au bout; enfin, que sur la dernière moitié du dernier tiers, un seul peut-être arrivera
jusqu'au comité de lecture, si toutefois l'auteur, habitant
Paris, a été fortement recommandé au directeur, et qu'il
n'aura pas négligé de venir au moins dix fois relancer
le secrétaire chargé de l'examen préparatoire.

Lorsque je quittai l'archiviste, qui était redevenu
bon enfant et qui, en résumé, avait mis de la complai-
sance dans cette recherche, laquelle avait demandé une
grande heure, il me dit: « Votre pièce, fût-elle reçue
chez nous, à quoi bon? Nous en avons qui, depuis trois
ans, attendent leur tour, et qui l'attendront trois ans
encore, si elles ne l'attendent pas toujours. »

Le fait est qu'y eût-il cent théâtres à Paris, jouant
tous les jours une pièce nouvelle, ils ne pourraient pas
satisfaire tous les auteurs, c'est-à-dire représenter tout
ce qu'on leur apporte chaque année, car il n'est pas
d'écolier, n'eût-il obtenu qu'un prix de sixième, qui,
dans notre bonne France, n'ait fait sa pièce de théâtre.

J'achevai ma journée en visites plus ou moins d'obligation, mais, pour la grande majorité, à des personnes que j'ai toujours du plaisir à voir, et ce qui le double, c'est qu'elles semblent le partager. Je pus apprécier encore ici l'hospitalité parisienne, car dans cette journée je reçus sept invitations à dîner, les unes pour le jour même, les autres pour le lendemain. Je répondis à tous, pour ne pas faire de jaloux, que j'étais invité, et je fus, comme de coutume, dîner au restaurant.

Le 2 octobre, je vais au Jardin-des-Plantes, auquel je consacre au moins un jour à chacun de mes voyages à Paris. J'y vois M. Geoffroy Saint-Hilaire, M. Flourens, ainsi que M. Valenciennes, bien triste, bien affaissée de la mort de sa femme. On parle beaucoup à Paris de mes découvertes antédiluviennes, mais l'Académie des Sciences n'en dit mot.

Je vais dîner aux Frères-Provençaux, et je me trouve à côté d'une famille composée du père, de la mère et des enfants. Le père est jeune et beau, et ses enfants lui ressemblent. La mère est jolie aussi, mais je n'ai jamais vu de mine plus chipie, et elle n'était pas trompeuse : lorsque le père et les enfants semblaient contents de tout, elle ne trouvait rien de bon et cherchait noise au garçon. L'époux paraissait accoutumé à cette humeur, car il n'en conservait pas moins sa figure placide. Mais la pauvre dame reçut une cruelle leçon : à une table voisine dînaient deux messieurs décorés, d'un certain âge, et dont la tournure annonçait des officiers supérieurs. Ces criailleries de la dame paraissaient les ennuyer beaucoup. Enfin l'un d'eux, n'y tenant plus, se leva en disant à haute voix au garçon : « Portez nos

couverts un peu plus loin ; il est impossible de demeurer
là où est madame qui a oublié sans doute qu'elle n'est
pas chez elle. » — La leçon était dure, mais elle était
méritée.

Le 3, je fais quelques courses autour de Paris, et je
m'arrête à Passy, chez mon vieil ami Jules Janin, qui
sait si bien allier la science à l'esprit.

Toutes mes affaires et visites faites, je n'avais plus
qu'à retourner chez moi. Le 4 octobre au matin, je suis
au chemin du Nord. Je trouve dans le train express allant
à Abbeville, où est son régiment, le lieutenant-colonel
vicomte de Ménibus, homme excellent et tout aimable,
et M. de Saint-Léger, chef d'escadron, également de ma
connaissance : aussi la conversation ne tarit pas, et je
regrettais presque d'aller si vite.

A midi, j'étais chez moi. J'y retrouve mon coin du
feu et ma table qui n'est jamais bien somptueuse, mais
j'y mange de meilleur appétit qu'ailleurs.

Parti d'Abbeville le 11 août 1859, j'y suis rentré le
4 octobre.

FIN.

VOYAGE

A AIX-SAVOIE.

TABLE DES CHAPITRES

CONTENUS DANS CE VOLUME.

———

		Pages.
CHAPITRE Iᵉʳ.	Paris. — Le major M**. — Le camp de Saint-Maur	1
II.	Paris. — Entrée triomphale de l'armée d'Italie	11
III.	Départ de Paris. — Route de Savoie. — Aix-les-Bains; son salon. — Promenade au lac du Bourget	23
IV.	Séjour à Aix. — La comédie. — L'orage. . .	35
V.	Départ d'Aix. — Saint-Jean-de-Maurienne. — Passage du Mont-Cenis. — Suse. . .	50
VI.	Turin. — Un grand personnage	65
VII.	Suite de Turin. — Bataille de Magenta. — Milan	74
VIII.	Suite de Milan. — Ses bibliothèques	86
IX.	Solferino. — Retour à Milan. — Le lac Majeur. — Les îles Borromée. — Arona. .	97
X.	Route des îles Borromée au Saint-Gothard. — Passage du mont.	111
XI.	Lucerne. — Zurich. — Rapperschwyll.	120

Pages.

CHAPITRE XII.   Lacs de Zurich et de Constance. — Constance   142

XIII.   Schaffouse. — Chûte du Rhin   154

XIV   Le château de Mayenberg. — La duchesse de Parme   169

XV.   Retour à Rapperschwyl. — Zurich. — Bâle.   178

XVI.   Bâle. — Ses églises, ses monuments   193

XVII.   Soleure. — Bienne; son lac, ses antiquités lacustes — Le commandant Scholl . . .   205

XVIII.   Neufchâtel. — Yverdun. — Lausanne. . . .   219

XIX.   Départ de Lausanne. — Lac Leman   230

XX.   Genève; ses édifices, ses habitants   241

XXI.   Départ de Genève. — Rentrée en France. — Lyon. — Route de Dijon.   252

XXII.   Dijon — Paris — Abbeville   266

FIN DE LA TABLE.

Abbeville, imp. P. Briez.

www.ingramcontent.com/pod-product-compliance
Ingram Content Group UK Ltd.
Pitfield, Milton Keynes, MK11 3LW, UK
UKHW020731120726
13693UKWH00001B/272